D0560602

WJS CORSO

WJS

Hagen Schulze

Die Wiederkehr Europas

CORSO bei Siedler

Imaginäre Untergänge

DER UNTERGANG DES ABENDLANDES IST VERTAGT.
Die Erwartungen haben sich nicht erfüllt, die spätestens seit dem Epochenjahr 1917, mit der bolschewistischen Oktoberrevolution und dem Erscheinen amerikanischer Truppen auf dem europäischen Kriegstheater, an Plausibilität gewonnen hatten und die darauf gerichtet waren, es gehe mit Europa unaufhaltsam bergab. Mit ihrer weltumspannenden imperialen Ausdehnung habe sich die Alte Welt wie eine Supernova erschöpft und falle jetzt in sich zusammen. In der Knochenmühle von Verdun sei das Abendland zermahlen worden, ein neues Weltsystem kündige sich an. Die schöne Kultur der Dekadenz des *fin de siècle*, die erst in den zwanziger Jahren ihren eigentlichen Höhepunkt fand, danach der Triumph der Diktaturen in den Dreißigern und vollends der von der europäischen Mitte ausgehende Weltkrieg der Vierziger: das waren, so schien es, letzte Stadien des Verfalls und der Selbstzerstörung.

Die jungen Europäer, die 1914 mit Inbrunst in die Stahlgewitter der Champagne und an der Somme gezogen waren, hatten in ihren Tornistern die Schriften der Propheten des Untergangs getragen:

Nietzsche, Schopenhauer, Tolstoi, Bergson – und damit die Überzeugung, daß die Welt der bürgerlichen und liberalen Normen des alten Europa aufgehört habe zu bestehen. Die Wirkung, die dann in der Zwischenkriegszeit von Oswald Spenglers lunatischem Bestseller »Der Untergang des Abendlandes« ausging, sagte zwar wenig über das Buch aus – das tatsächlich eine Sammlung genialisch-unverfrorener Halbwahrheiten war, eingekleidet in eine gegen vernünftige Einwände immune Geschichtsmetaphysik. Aber das gebildete Publikum, dessen Elterngeneration noch an den Fortschritt der europäischen Kultur wie an das Evangelium geglaubt hatte, war nun, nach den Katastrophen von Krieg und Revolution, von nichts so fest überzeugt wie vom bevorstehenden Zusammenbruch der Zivilisation. Man fand sich bestätigt durch des Meisters suggestive Schilderung vom Verfall der spätantiken Riesenstädte, »deren leerstehende Häuserreihen langsam zusammenstürzen, während auf dem Forum und im Gymnasium Viehherden weiden und im Amphitheater Getreide gebaut wird, aus dem noch die Statuen und Hermen hervorragen...«[1]

Daß auf den Niedergang der Macht Europas der Verfall der europäischen Kultur folgen müsse, war die elegische Erwartung vieler. Der Zweite Weltkrieg mitsamt seinen Massenausrottungen stellte auch in dieser Hinsicht noch die pessimistischsten Vorhersagen in den Schatten; was da geschah, schien dem Geist Europas so fremd zu sein, daß

Ernst Nolte die Metapher von der »asiatischen Tat« angemessen fand. Karl Jaspers faßte 1945 die Stimmung präzise zusammen: »Europa ist auf dem Wege, einen Ort einzunehmen wie Griechenland im *orbis terrarum* der Antike. Es birgt die heiligen Stätten des Abendlandes, wie es andere heilige Stätten in China und Indien für die asiatische Welt gibt. Noch in wachsender Ohnmacht bewahren wir diese Kleinodien, noch in Ruinen den Ursprung des Abendlandes.«[2]

Das Europa des einundzwanzigsten Jahrhunderts: Asche einer ausgebrannten Zivilisation, unter der allenfalls noch hier und da die Funken der Erinnerung glühen? Das schien lange Jahrzehnte hindurch die wahrscheinliche Perspektive unseres Erdteils. Historiker proklamierten das Ende der europäischen Geschichte[3], andere konnten sich die Zukunft Europas nur noch als vorgeschobenen strategischen Außenposten der Vereinigten Staaten vorstellen[4] – eine Denkfigur, die sich zudem vorzüglich in die beliebte Parallele zwischen Spätantike und europäischer Gegenwart einkleiden ließ: Spielten nicht die Europäer gegenüber Amerikanern und Japanern dieselbe Rolle wie zweitausend Jahre früher zur Zeit der *pax romana* die *graeculi*, die kulturbewahrenden, aber politisch lächerlich ohnmächtigen »Griechlein«?[5]

Selbst die anfänglichen Hoffnungen auf die europäische Einigung verblaßten allmählich, von den Deutschen abgesehen, die sich in Scharen daranmachten, vor ihrer verpfuschten Geschichte die Flucht in das Traumland Europa anzutreten. Ob unter den Auspizien der EG oder der Konferenz für Sicherheit und Zusammenarbeit in Europa (KSZE): Verglichen mit der Vergangenheit konnte die Zukunft des gesamten Kontinents nur düstere Prognosen rechtfertigen. Einem pazifizierten, aber aus der Weltpolitik relegierten Europa stellte sich die Frage, ob ihm noch eine andere Rolle übrigblieb als die einer neutralen, sozialisierten Prosperität, eines kraftlosen, verfetteten, eunuchischen Wohlstands.[6]

Verwandelte Welt

ABER DIE IDEOLOGIEN, DIE DEN EUROPÄISCHEN Bürgerkrieg angefacht und zur totalen Konfrontation der Weltmächte inmitten des Kontinents geführt haben, sind gescheitert. Nach dem Untergang der einen großen totalitären Weltanschauung des 20. Jahrhunderts, des Faschismus, geht auch dessen Widerpart und Spiegel, der Kommunismus, vor unseren Augen zugrunde, nachdem er bereits seit Jahrzehnten zum zynisch genutzten Herrschaftsinstrument verkommen war. Die Versuchung des totalitären Denkens, die seit der Französischen Revolution den Geist wie die Politik Europas vergiftete, hat jeden Reiz verloren. Die Revolutionen Osteuropas haben es gezeigt: Stärker als der eiserne Druck des Gleichheitsstaats ist das Verlangen der

Menschen nach jenen Gütern, die schon 1776 in der »Virginia Bill of Rights« als *pursuit of happiness* benannt worden sind: »Das Recht auf den Genuß des Lebens und der Freiheit, auf die Mittel zum Erwerb und Besitz von Eigentum, das Streben nach Glück und Sicherheit und das Erlangen beider.«

Damit verbindet sich die Ausfaserung des bipolaren Weltmächtesystems. Auf der einen Seite zieht sich die Sowjetunion auf ihr Sanktuarium zurück, um die zerstörerischen Widersprüche in ihrem Innern zu bewältigen, und entläßt die Staaten ihres westlichen Vorfelds nach Europa, in der Annahme, daß der reiche Westen die Verantwortung für das wirtschaftliche Überleben Osteuropas schon übernehmen werde. Hat damit der Zusammenbruch des Sowjetimperiums erst begonnen? Der Aufstand der kolonisierten Völker, der eine Generation früher Großbritannien und vor allem Frankreich bis in die Grundfesten der Verfassungsordnung hinein erschüttert hat, holt jetzt auch die letzte große Kolonialmacht ein; und anders als im Fall der imperialen Staaten des Westens fehlte es der wirtschaftlichen wie der politischen Ordnung der Sowjetunion an jener Offenheit, die immer wieder die grundsätzliche Überlegenheit demokratischer über diktatorische Regierungsformen ausmacht, weil sie lern- und deshalb wandlungsfähig sind.

Ein totalitäres Staatswesen kann länger als ein demokratisches seine inneren Risse übertünchen und die Öffentlichkeit nicht weniger als die eigene

Herrschaftselite über den wahren Zustand des Landes hinwegtäuschen. Zerfällt aber der Machtapparat selbst, weil ihm die Glaubensbereitschaft der Beherrschten abhanden kommt, weigern sich moslemische Soldaten, auf rebellische Glaubensgenossen zu schießen, künden gar kommunistische Parteigänger den Austritt ihrer Länder aus dem Unionsverband an, dann fehlt dem System die Beweglichkeit, um sich der neuen Lage anzupassen. Die Welt verfolgt derzeit mit Faszination den Versuch des sowjetischen Staatschefs, im letzten Moment noch den Tiger der Anarchie durch Erweiterungen des Käfigs zu besänftigen. Angesichts der despotischen Traditionen Rußlands, die durch Lenins Revolution nur ein grimmigeres Gesicht erhalten hatten, und angesichts des Beharrungsvermögens eines lernunfähigen Apparats scheint aber Skepsis angebracht. Der Koloß ist unbeweglich und hilflos; er muß früher oder später stürzen.

Bei den gegenwärtigen Entwicklungen, angesichts der Gleichzeitigkeit von nationalem Aufruhr, wirtschaftlicher Katastrophe und politischer Zementierung totalitärer Machtfülle, ist die Annahme nicht unvernünftig, daß die Sowjetunion im Verlauf der kommenden Generation auf den Bestand des russischen Reichs zu Anfang des 18. Jahrhundert zusammenschrumpft, daß ihr westlicher und südlicher Randgürtel vom Baltikum über das östliche Polen, die Ukraine, Moldawien und die Kaukasus-Region bis zu den ehemaligen islamischen

Chanaten an der afghanischen und chinesischen Grenze abblättern wird.

Nicht, daß dies die Risiken für Europa verringerte. Die Geschichte kennt genügend Fälle, in denen aus dem Chaos aufgestiegene Führergestalten versuchten, den Zerfall von Staaten aufzuhalten, indem sie die inneren Gegensätze nach außen projizierten und ihre Nachbarn mit Krieg überzogen. Von Cäsar über Napoleon bis zu dem argentinischen General Galtieri, dessen Falkland-Abenteuer den Bürgerkrieg im Lande beenden sollte, ist das ein vertrautes politisches Muster.

Und auch die eher unwahrscheinliche Alternative birgt Risiken für Europa: daß es der jetzigen sowjetischen Staatsführung gelingen könnte, den Zerfallsprozeß aufzuhalten und die Sowjetunion in modernisierter und verjüngter Form in das nächste Jahrhundert zu überführen. Wie auch immer dann die Verfassungsordnung dieses östlichen Staatswesens aussehen mag: das pure politische und militärische Gewicht, das ein erneuerter und leistungsfähiger Sowjetstaat besäße, müßte schwer auf Europa lasten – dies um so mehr, als sich derzeit auch die Vormacht des Westens und deren weltpolitische Perspektive wandelt.

Die überlieferten Bindungen der Vereinigten Staaten an Europa lockern sich. Die NATO, die bisher wichtigste transatlantische Klammer, steht vor tiefgreifenden Veränderungen, deren Ausmaß noch nicht abzusehen ist, die aber mit Gewißheit zu einer wesentlichen Verschiebung der strategischen Balance führen wird. Der Anteil der Europäer an ihrer konventionellen wie nuklearen Verteidigung wird erheblich zunehmen, die amerikanische militärische Präsenz diesseits des Atlantiks wird spürbar reduziert werden. Zugleich nimmt mit der für 1992 vorgesehenen Etablierung des westeuropäischen Binnenmarkts die wirtschaftliche Konkurrenz zwischen Europa und den USA weiter zu, und dies in einer Periode des relativen industriellen Niedergangs der Vereinigten Staaten, der sich in zurückgehenden Außenhandelsüberschüssen, einem steil ansteigenden Haushaltsdefizit und zunehmender Abhängigkeit vom Kapitalimport zeigt – innerhalb weniger Jahre ist der größte Gläubigerstaat zum größten Schuldner der Welt geworden.

Wenn auch die USA noch auf unabsehbar lange Zeit Stützpfeiler der westlichen Allianz und Mitte der bestehenden Weltwirtschaftsordnung bleiben werden – gewisse Tendenzen einer Abkoppelung von den Interessen Europas sind nicht zu übersehen. Das hat tiefliegende Ursachen. Da ist die Veränderung der ethnischen Zusammensetzung in der Bevölkerung; während für Jahrhunderte die Werte der amerikanischen Gesellschaft von der Vorherrschaft der WASPs, der weißen angelsächsischen Protestanten, bestimmt gewesen waren, tritt jetzt mit dem Vordringen schwarzer und lateinamerikanischer Bevölkerungsgruppen die alte, europäisch dominierte Normenwelt zurück. Das kulturelle

Erbe Europas verliert für die Amerikaner an Bedeutung.

Das gilt auch für den Wandel in der Herkunft der amerikanischen Eliten; die früher führende Ostküsten-Oligarchie, deren Bildung von Universitäten im Oxford-Stil, deren Kulturverständnis von Paris und Florenz geprägt war, hat längst dem Kleinbürgertum des Mittleren Westens und des Südens Platz gemacht, dem die Traditionen der Alten Welt ziemlich gleichgültig sind, wenn sie sie nicht sogar als bedrohlich empfinden. Der enorme Erfolg von Alan Blooms »The Closing of the American Mind«, einer effektvollen Sammlung antieuropäischer Allgemeinplätze, weist auf eine neue Welle des kulturellen amerikanischen Isolationismus, auf eine Wiederkehr der amerikanischen Furcht vor den dekadenten und verderblichen Einflüssen aus der sündenbeladenen Alten Welt. Und da sind die neuen wirtschaftlichen und strategischen Herausforderungen in Ostasien und im Mittleren Osten; Europa schrumpft in den Augen der westlichen Führungsmacht zu einem allenfalls gleichberechtigten Interessengebiet neben anderen.

So findet sich Europa fast über Nacht in einer dramatisch veränderten Welt. Die alten Orientierungsgewißheiten sind geschwunden. Was zurückbleibt, ist die Vielzahl der nationalen, regionalen, wirtschaftlichen, gesellschaftlichen Individualitäten, die mühsam aus den bequemen weltanschaulichen Gehäusen des Kalten Kriegs herausgekrochen kommen und die jetzt lernen müssen, sich auf neue und vernünftige Weise miteinander zu arrangieren. Jetzt wird sichtbar, in welchem Maße selbst die begeisterten Anhänger des europäischen Gedankens mit der Dauerhaftigkeit der Teilung des Kontinents gerechnet hatten; es zeigt sich, daß der Ernstfall der europäischen Einigung nirgendwo wirklich gedacht und geplant worden ist, daß die überwältigende Wirklichkeit der Weltkriegsfolgen und der Teilung stärker schien als die Hoffnung einer Generation von Europäern auf die Überwindung nationaler Grenzen.

Daß die Europäische Gemeinschaft von sich aus den Sprung von der Wirtschaftsunion zur politischen Einheit nicht schaffen würde, war bereits seit längerer Zeit erkennbar. In gewisser Hinsicht ist die Situation der des Deutschen Bundes um die Mitte des 19. Jahrhunderts vergleichbar. Es gab damals den Deutschen Zollverein, ein geschlossenes Wirtschaftsgebiet in der Mitte Europas, das ökonomisch äußerst erfolgreich war und schnell neue Mitglieder anzog. Im wesentlichen umfaßte der Zollverein schließlich dasselbe Gebiet, das von 1871 an das Deutsche Reich ausmachen sollte.

Aber bei aller wirtschaftlichen Dynamik stagnierte der Zollverein politisch, zerrissen zwischen den Einzelinteressen seiner Mitgliedstaaten. Der Impuls, der schließlich zur staatlichen Einheit führte, entsprang nicht der wirtschaftlichen Logik, sondern der preußischen Machtpolitik; nicht das Interesse an Prosperität und Wachstum war der Motor des politischen Zusammenschlusses, wie die Liberalen jener Zeit gehofft hatten, sondern Blut und Eisen.

Zwischen dem Zollverein des 19. Jahrhunderts und der EG besteht allerdings, neben anderem, ein bedeutender Unterschied. Die Europäische Gemeinschaft verfügt in Gestalt des Europäischen Parlaments über eine politische Institution, die sehr wohl die Möglichkeit hätte, den Sprung in die politische Gemeinschaft zu befördern – wenn ihre Mitglieder bereit wären, die Macht, die ihnen in Gestalt des Haushaltsrechts zu Gebote steht, wirklich und revolutionär zu handhaben, also in offener Konfrontation mit den im Ministerrat verkörperten nationalen Einzelinteressen. Das britische Parlament hat einst auf diese Weise seine Souveränität erkämpft wie später die Nationalversammlung der Französischen Revolution, und in beiden Fällen führte die erfolgreiche Behauptung des parlamentarischen Machtanspruchs zur Einheit von Staat und Nation. Gemessen an solchen Vorbildern wirkt die Straßburger Versammlung wie ein müdes Honoratiorenkabinett. Ein neues Kapitel der europäischen Geschichte wird dort jedenfalls nicht geschrieben.

Unwirkliche Zukünfte

DIE UNWIRKLICHKEIT, DIE DER POLITISCHEN EINHEIT Europas jahrzehntelang anhaftete, begünstigte jene Fülle widersprüchlicher Konzepte, die es zeitweise zu beträchtlicher Popularität brachte, verbunden mit weitreichenden politischen Auswirkungen.

Da war in den späten vierziger und den fünfziger Jahren die Idee des »christlichen Abendlands«, die hauptsächlich mit der besonderen Rolle der christlich-demokratischen Parteien in der europäischen Einigungsbewegung jener Jahre zusammenhing.

Europa war in dieser Beleuchtung das römische, das katholische Europa, seine historische Gefährdung waren die Spaltungen: der Eigenweg von Byzanz, das mittelalterliche Schisma zwischen Ost- und Westkirche, die Reformation, und in der Gegenwart die Trennung des Kontinents durch den Eisernen Vorhang. Die Besinnung auf die christlichen Traditionen und der Widerstand gegen den neuzeitlichen Materialismus sollte zur europäischen Wiedergeburt führen – eine Idee, die in der unmittelbaren Nachkriegszeit spürbare Auswirkungen auf die westeuropäische Kulturpolitik besaß, die aber seit den sechziger Jahren erheblich an Anziehungskraft verlor.[7]

Es war kein Zufall, daß katholisch-konservative Gründungen dieser Epoche sich nicht »europäisch«, sondern »abendländisch« nannten, während europäische Zusammenschlüsse von Liberalen und Sozialisten die Bezeichnung »abendländisch« stets gemieden haben.[8]

Namentlich in den angelsächsischen Ländern gewann das Konzept des »Westens« an identitätsstiftender Bedeutung. Aus dieser Perspektive wird die Ost-West-Konfrontation in die Geschichte zurückverlängert; seit dem mittelalterlichen Kirchenschisma kommt das Licht nicht mehr aus dem Osten, sondern aus dem Westen, aus Frankreich, England und später den USA, deren weltgeschichtliche Mission darin besteht, die höchste Blüte der westlich-europäischen Kultur, die parlamentarische Demokratie, über die gesamte Welt zu verbreiten. Das Konzept »Western Civilization« ist die späte Folge der traditionsreichen »whig historiography«, einer einflußreichen Schule der englischen Geschichtsschreibung, nach welcher die britische Verfassungsgeschichte den fortschrittlichen Normalfall der Geschichte überhaupt darstellte – ein Konzept, das sich einst gegen den barbarisch-preußischen Gegner des Ersten Weltkriegs wandte.

Damals waren amerikanische Rekruten auf ihren Fronteinsatz in Frankreich vorbereitet worden, indem man ihnen jene kulturellen Traditionen näherzubringen suchte, für deren Verteidigung sie ihr Leben aufs Spiel setzen sollten. So begannen Amerikaner damit, sich ebenfalls als Erben der europäischen Kultur zu sehen. Nach dem Ersten Weltkrieg wurden diese Kurse dann von den amerikanischen Universitäten und Colleges übernommen; die Studenten, die daraus hervorgingen und zwei Generationen lang die amerikanische Politik, Wirtschaft und Kultur lenkten, fühlten sich als Teil einer transatlantischen Gemeinschaft, die aber nur Westeuropa mitumschloß.

Seit dem Zerfall der Anti-Hitler-Koalition und dem Beginn des Kalten Krieges wurde allerdings die Bundesrepublik Deutschland dazugezählt. Doch mit dem Vietnamkrieg wuchsen die Zweifel an der weltweiten demokratischen Sendung des »Westens«, und die Universitätskurse »Western Civilization« sind mittlerweile eingestellt worden, ein unübersehbares Indiz für den Niedergang des imperialen Bewußtseins der USA.[9]

Zu den derzeit besonders erfolgreichen Schöpfungen der politischen Sprache gehört die Rede vom »gemeinsamen Haus Europa«, eine ungemein vielseitig verwendbare Ausdrucksweise, die freilich durchaus nicht neu ist. Bereits am 7. März 1936 sprach Hitler vor dem Reichstag vom europäischen Haus mitsamt der darin wohnenden europäischen Familie, der es zu seinem Bedauern lediglich an einer gemeinsamen Hausordnung mangelte.[10] Auch als christlich-demokratische Chiffre für das Zusammenleben der Europäer kennen wir das architektonische Bild seit dem Ende der vierziger Jahre, beispielsweise aus dem Werk des Schweizer Historikers Gonzague de Reynold.[11]

Was hier klar und einfach umschrieben scheint – die Einheit des europäischen Kontinents auf der

Grundlage gemeinsamer Sicherheits- und Wirt-schaftsinteressen aller europäischer Staaten – stellt sich bei einigem Nachdenken als unklar und wider-sprüchlich heraus. Das »gemeinsame europäische Haus« ist ein Geisterhaus – es wandelt seine Gestalt je nach dem Blickwinkel und den Gedanken des Betrachters. Man kann es einerseits als Einfami-lienhaus beschreiben, Vater und Mutter als Inbegriff der hegemonialen Weltmächte USA und UDSSR, die sich in Fragen der Erziehung ihrer europäischen Kinder gelegentlich in die Haare geraten, im übri-gen aber eine solide Vernunftehe führen. Man kann aber die Europäer andererseits als Bewohner eines Doppelhauses sehen, zur Zeit damit befaßt, Durch-gänge von der einen zur anderen Haushälfte zu öff-nen.

Die häufigste Sichtweise, die namentlich von sowjetischer Seite bevorzugt wird, ist die eines gro-ßen Mietshauses mit vielen Mietern und einer ge-meinsamen Hausordnung. Der Inhaber der mit Ab-stand größten Wohnung, der zudem etliche der übrigen Wohnungen mit seiner eigenen Klientel besetzt hat, versucht dafür zu sorgen, daß die Haus-ordnung in seinem Sinne zustande kommt, wenn auch mit einigen vernünftigen Zugeständnissen an die Schar der restlichen Bewohner. Und auch, wenn die Hausordnung den einzelnen Parteien einigen Spielraum für die Ausgestaltung ihrer Wohnungen gestattet – jedermann wird bemüht sein, das Radio möglichst leise zu stellen, denn die Empfindlichkeiten des starken Bewohners der Beletage sind ebenso bekannt wie seine Neigung zu unerfreulichen Streitigkeiten, und schließlich kann niemand ausziehen.

Wie man sieht, taugt das »gemeinsame europäische Haus« zu vielen Zwecken; man kann sich darunter auch eine Fabrik, ein Gefängnis oder ein Dornröschenschloß vorstellen. Wie bei so vielen Begriffen unserer politischen Sprache handelt es sich nicht um die Beschreibung einer Wirklichkeit, sondern um eine Metapher, also um ein einfaches Bild für eine schwierige Sache, für die es keine eigentliche Bezeichnung gibt. In der politischen Wirklichkeit geht es um eine gedachte politisch-geographische Einheit, die aber tatsächlich äußerst komplex und heterogen ist. Durch den Sprung der Sprache aus einem Vorstellungsbereich in einen anderen – aus den verwirrenden Gefilden der internationalen Politik und Strategie in die anschauliche Begriffswelt des Immobilienbesitzes – erhält sie den täuschenden Schein von vertrauter Zusammengehörigkeit, Einfachheit und Vernunft und kann auf diese Weise äußerst erfolgreich zur Manipulation der öffentlichen Meinung genutzt werden.

An Vieldeutigkeit übertroffen wird die Idee vom »gemeinsamen europäischen Haus« allerdings von einem weiteren erfolgreichen Konzept: von dem Geisterreich »Mitteleuropa«. Der beträchtliche Erfolg, den diese Vorstellung quer durch alle Parteien hindurch erzielt hat, beruht auf der darin enthaltenen Verknüpfung von starken und romantischen Emotionen mit der Hoffnung auf Überwindung des europäischen *status quo*. Gedacht wird ein Europa zwischen Ost und West, zwischen den Weltmächten USA und Sowjetunion, zwischen Kapitalismus und Kommunismus, zwischen Coca-Cola- und Wodka-kultur.

Vage, aber stark gefühlsbesetzt erscheint Mittel-europa als Verwalter der alten europäischen Kultur, seinen mächtigen Erben USA und UDSSR zwar politisch ausgeliefert, aber kulturell und moralisch überlegen. Als Ziel wird die Überwindung des bipolaren Ost-West-Konflikts gedacht, der Abzug aller amerikanischen wie sowjetischen Truppen und mit der Wiedervereinigung Europas auch die Wiedervereinigung Deutschlands.

Die Idee von »Mitteleuropa« besitzt zwei Wurzeln; die eine entstand im Ersten Weltkrieg und bedeutete die deutsch-österreichische Hegemonie über die Völker Europas »zwischen Russen und Engländern«, wie der Erfinder dieses Konzepts, der Nationalökonom Friedrich Naumann, schrieb[12]; an dieses Mitteleuropa denken unsere westeuropäischen Nachbarn vor allem, wenn sie das Wort hören. Die andere Wurzel hat nicht macht-, sondern kulturpolitische Ursprünge; sie meint in erster Linie den Raum des alten Habsburger Reichs, eine Mischung aus allen Kulturen des österreichisch-ungarischen Kaisertums von Lemberg bis Triest, von Innsbruck bis Czernowitz.

Alte k.u.k.-Nostalgie vermengt sich da mit höchst gegenwartsnahen politischen Ambitionen; Polen, Tschechen, Ungarn ersehnen in diesem Rahmen politische Selbständigkeit und kulturelle Autonomie, West- wie Ostdeutsche glauben an eine neue Mittlerrolle zwischen Ost und West, Österreicher hoffen auf die Ausweitung ihres Neutralitätsmodells: eine Vielzahl von Wünschen, Sehnsüchten und Interessen fließt in »Mitteleuropa« zusammen.

Seine Grenzen sind je nach dem verfolgten Zweck verschieden; es kann die beiden Deutschlands, die Tschechoslowakei und Österreich umfassen, die eine Zentraleuropäische Föderation anstreben sollen, wie der Münsteraner Soziologe und Nationalneutralist Bernard Willms fordert[13]; der ehemals grüne, nun sozialdemokratische Politiker Otto Schily fordert eine Mitteleuropäische Friedensunion von Dänemark bis Österreich, von Belgien bis Polen[14]. Für andere wiederum erstreckt sich »Mitteleuropa« von den Niederlanden bis Sizilien. Allen gemeinsam ist ein mehr oder weniger polemischer antiwestlicher Grundton; nicht nur, daß jedenfalls Frankreich und Großbritannien nie als zugehörig zu »Mitteleuropa« gedacht werden – in diesem Zusammenhang erscheinen auch in aller Regel die Grundwerte des westlichen Demokratieverständnisses als zweitrangig.

Mitteleuropa, das bedeutet in diesem Zusammenhang die Aufgabe der mühsam errungenen Bindung namentlich der Bundesrepublik Deutschland an den atlantischen Westen und an dessen Verfassungsnormen, die Aufgabe der besonderen deutsch-französischen Beziehungen, Einkapselung in eine geistige Nostalgieprovinz und die Rückkehr zu einer Schaukelpolitik zwischen West und Ost, deren unheilvolle Folgen die deutsche Geschichte in den vergangenen zweihundert Jahren hinreichend illustriert hat.

Neben diesem Blumenstrauß undeutlicher, aber gefühlsstarker Europaideen hat es ein weiterer europäischer Zukunftsentwurf schwer, vielleicht gerade deshalb, weil er kein Luftschloß, sondern handfeste Wirklichkeit darstellt: die Fortentwicklung der Europäischen Gemeinschaft zu einem einstweilen westeuropäischen Binnenmarkt, der von 1992 an verwirklicht werden soll. Die Zukunft, so scheint es, liegt hier nur noch in der Ökonomie; von einer mitreißenden Vision, wie sie in den vierziger und fünfziger Jahren die Europa-Bewegung entflammt hatte, ist weit und breit nichts zu sehen.

Der Eurofrust weitet sich unübersehbar aus; während 1987 noch 62 Prozent der befragten Westdeutschen meinten, die Mitgliedschaft in der EG sei »eine gute Sache«, fanden das ein halbes Jahr später nur noch 49 Prozent.[15] So stehen wir vor der sonderbaren Situation, daß nebelhafte Europaprojekte einen deutlichen Popularitäts- und Legitimationsvorsprung vor dem wirklichen Ansatz einer Einigung Europas besitzen. Eine Vielzahl möglicher Europas verwirrt die Geister, wie zu allen Zeiten, wenn von Europa die Rede war: Wofür eigentlich die Tochter des Agenor und Geliebte des Zeus ihren Namen hergegeben hat, das ist immer unbestimmt gewesen, abhängig vom Horizont der Zeit und von den Absichten der Menschen. Was ist Europa wirklich?

Eine gedachte Wirklichkeit

IN EINER ERSTEN ANNÄHERUNG BIETET SICH DIE Definition der Geographie an. »Europa«, sagt Paul Valéry, »ist eine Halbinsel Asiens«.[16] Das ist die einfachste Wahrheit, die von Europa ausgesagt werden kann, und jeder Blick auf die Landkarte bestätigt sie. Offenbar gibt es keine natürliche Trennlinie zwischen Asien und seinem westlichen Subkontinent. Die niedrigen Hügelketten des Ural als Grenze sind nicht mehr als eine Verlegenheitslösung der Geographen, und das auch erst seit dem 18. Jahrhundert; seit der Antike galt in der Regel der Don als Grenzfluß, später die Wolga, und ob die Kaukasusregion als europäisch oder asiatisch anzusehen sei, ist bis heute umstritten.

Auch geomorphologische Argumente für eine Trennung Europas von Asien gibt es nicht; und so blieb den Teilnehmern der großen Geographentagungen, die in den sechziger Jahren vom Europarat zur Formulierung verbindlicher Schulbuchdefinitionen veranstaltet wurden, nichts anderes übrig, als eine naturwissenschaftliche Bestimmung des europäischen Kontinents zu verneinen. Man kam zu dem Schluß, daß Europa nur dann als eigener Erdteil angesehen werden könne, wenn »der Mensch und sein Wirken in Siedlung, Wirtschaft, Kultur, Geschichte und Politik in die Betrachtung einbezogen wird«.[17]

Soll man sich Europa also mit politischen Kategorien nähern? Auch damit hat es seine Schwierigkeiten. Wie steht es etwa mit der Sowjetunion oder mit der Türkei, die beide Europa angehören wollen, obwohl der bei weitem größte Teil ihrer Territorien auf asiatischem Gebiet liegt? Noch schwieriger wird es, wenn man die politische Zugehörigkeit dieser und anderer Staaten zu Europa im Verlauf der Vergangenheit betrachtet. Bis in das 19. Jahrhundert hinein galt die Türkei, heute mit einem Fuß bereits in der Europäischen Gemeinschaft, als der Erzfeind Europas schlechthin, europäischer Kultur und Gesittung entgegengesetzt.

Und die Vermutung ist nie verstummt, die Europäisierung Rußlands sei immer nur oberflächlich gewesen. Der Staat Peters des Großen wie das Reich Lenins trage im Grunde hauptsächlich asiatische Züge, die schmale Oberschicht, die seit der Aufklärung nach Westen geblickt habe, sei bereits durch die Welle des Panslawismus überrollt und dann durch die Oktoberrevolution und deren Folgen ausgerottet worden, und deshalb sei Rußland eher Antagonist denn Bestandteil Europas.[18]

So erweist sich also auch die Definition des Kontinents durch einfache Addition seiner gegenwärtigen politischen Bestandteile als durchaus ungenügend; überdies zeigen die genannten Beispiele, daß sich Europa nicht einfach durch eine Momentaufnahme abbilden läßt: Begriff und Wesen sind nur mit Blick auf den historischen Wandel zu erfassen, wie er sich in den Köpfen der Menschen spiegelt. Europa, so faßt es der italienische Historiker Federico Chabod, ist »ein Werk der Geschichte, das heißt menschlichen Willens, das im Verlauf der Jahrhunderte seinen dauerhaften Stempel den Generationen aufgedrückt hat, die in dem Europa genannten Kontinent aufeinander gefolgt sind. Es ist das nunmehr Jahrtausende alte Erbe der Väter, das wir von Geburt auf in uns tragen und das wir unsererseits durch unsere Erfahrungen, Gedanken und Gefühle bereichern und vervielfältigen, um es unseren Kindern und Enkeln weiterzureichen.«[19]

Die Wirklichkeit Europas wurzelt im Bewußtsein der Menschen, ein kollektiver imaginärer Entwurf, der sich wandelt, wie sich die Menschen wandeln. Wie also hat sich bisher europäisches Bewußtsein gebildet, und worin besteht die europäische Identität?

Verwehte Spuren

EUROPA GALT NICHT IMMER ALS DAS, WAS HEUTE Europa heißt. Man nimmt an, daß der Name semitischen Ursprungs ist; »ereb«, das Dunkle, nannten die an der kleinasiatischen Küste lebenden Phöniker das Land im Westen, hinter dem die Sonne unterging. Griechen übernahmen das Wort und bezeichneten damit das gestaltlose Jenseits im Norden, die Gefilde der Barbaren. Zwar weiteten griechische Geographen den Begriff später auf das Land zwischen dem Schwarzen Meer und den Säulen des Herkules aus, doch blieb er unbestimmt und wurde nicht häufig gebraucht; volkstümlich war nicht die geographische Bezeichnung, sondern der Mythos von der Königstochter und ihrer ungewöhnlichen Beziehung zu dem Gott in Stiergestalt, wie Ovid ihn uns überliefert – es scheint, daß auch diese Erzählung mehr asiatische als griechische Elemente enthält.

Zweimal allerdings begegnet uns in der griechischen Antike Europa im politischen Gewand, und beide Male aus bezeichnendem Anlaß. Im Anschluß an die Perserkriege befaßt sich der Arzt Hippokrates (460–375 v. Chr.) mit dem Unterschied zwischen den Menschen, die auf der westlichen Seite des Hellespont leben, und denen vom anderen Ufer, wobei er das Land im Osten Asien, das im Westen Europa nennt. Die Menschen des Ostens sind ihm träge und apathisch, sie leben in despotisch regierten Großreichen; in Europa dagegen blühen die vielen kleinen Staaten, in denen Freiheit herrscht und deren Bestand von der freiwilligen Teilnahme ihrer Bürger abhängt. Und als der Philosoph Isokrates (436–339 v. Chr.) nach einem Namen sucht, um die Einheit von Griechen und Makedonen gegen das barbarische Persien zu beschwören, verfällt er auf Europa, das dann verschiedentlich als Bezeichnung des makedonischen Großreichs unter Philipp II. und Alexander dem Großen dient.

Bemerkenswert ist dreierlei: Europa wird zur politischen Identifikation benutzt, wenn es um die Unterscheidung von einem existentiellen Feind geht, dessen Kultur als grundlegend verschieden von der eigenen verstanden wird; dieser Unterschied ist in seinem Kern der zwischen Freiheit und Despotie; und der Begriff verschwindet wieder, sobald die Bedrohung geschwunden ist.

Doch das sind frühe, fast verwehte Spuren, von denen nur noch eine bis heute ganz deutlich geblieben ist, die Idee der Freiheit. Für die nächsten tausend Jahre bleibt es bei einem schwankenden Begriff der Geographen, denn die Welt der griechischen, der hellenistischen, der römischen Antike ist der Raum um das Mittelmeer, und Europa stellt nicht mehr dar als den nördlichen Rand dieses mediterranen Kulturraums.

Ohne die Kultur, die Institutionen, die Symbole des Römischen Reichs ist das spätere Europa nicht zu denken; aber Rom bleibt für alle Zukunft auch Chiffre für den hegemonialen, unterdrückenden Machtstaat. Es ist kein Zufall, daß alle Nationalstaaten des 19. Jahrhunderts, die auch nur ferne Beziehungen zum Territorium des einstigen Römischen Reichs unterhielten, halbmythische Gründergestalten feierten, die den Widerstand gegen Rom symbolisierten, von Rumänien bis Portugal, von Deutschland bis England. Hermann der Cherusker hat in fast allen Staaten Europas seine Verwandten, vom gallischen Vercingetorix bis zum dakischen Decebalus.

Erst in der Spätantike gewinnt der Name Europa wieder an Bedeutung, und wiederum auf kennzeichnende Weise. Die Vandalen, die Goten, die Hunnen verheeren und verändern fast ausschließlich jenen nördlichen Teil des Römischen Reichs; Asien und Afrika bleiben verschont, doch in Europa vermischt sich die Zivilisation Roms mit den ungeschichtlichen Barbaren aus dem Norden: das Gebiet der jahrhundertelangen Invasionen, der Kriege, der Auflösung des Westteils des Römischen Reichs, alles das wird nun von den Historikern und Geographen » Europa« genannt.

Im 6. Jahrhundert fügt Papst Gregor der Große eine weitere Begriffsbestimmung hinzu: Europa, das ist jener Teil des zerfallenden Römischen Reichs, der christlich geworden ist und sich dem römischen Papst als geistlichem Haupt unterstellt hat, in erster Linie Italien und Gallien.

Wo aber Gefahr droht ...

ABER DAS WAREN IMMER NOCH PAPIERENE DEFINITIO-
nen, verschwommen, gelehrt und ohne Leben; wieder bedurfte es der Gefahr von außen, um das Wort
und den Inhalt zusammenzubringen. Im Jahr 732
stieß der arabische Feldherr Abd er-Rahman tief
nach Gallien vor; bei Tours traf er auf das Heer des
fränkischen Hausmeiers Karl Martell. Sieben Tage,
wird berichtet, tobte die Schlacht, dann zog sich das
arabische Heer zurück. Wer waren die Sieger? Karl
Martells Heeraufgebot bestand aus einem bunten
Gemisch von Mitgliedern gallisch-romanischer
und germanischer Stämme; dem Chronisten der
Schlacht war klar, daß sich da nicht mehr das alte römische Weltreich wehrte, sondern eine ganz neue
Gemeinschaft, für die ihm kein besserer Name ein-
fiel als »europenses«.

Diese *Europäer*, die damit das erste Mal als han-
delnde Gemeinschaft in die Geschichte eintraten,
blieben aber nur auf dem Schlachtfeld vereint; danach, so der Chronist, »europenses se recipiunt in
patrias«, die Europäer kehrten also in ihre jeweili-
gen Heimatländer zurück, womit ihre Gemeinschaft wieder aufgelöst war.

Man wäre geneigt, diesen Zusammenhang von
Bedrohung und europäischem Selbstgefühl für eine
belanglose Episode zu halten, wenn er nicht immer
von neuem aufträte. Wenn Karl der Große die Awa-
ren über die Donau zurücktreibt, wenn Otto I. die

Ungarn auf dem Lechfeld besiegt, wenn Papst Urban II. 1095 in seiner Kreuzzugspredigt zur Verteidigung der Christenheit gegen die Ungläubigen aufruft, dann ist jedesmal von einem bedrohten Raum namens »Europa« die Rede – immer im Sinne der durch die Not gebotenen Einheit der Stämme und Reiche gegen die Angreifer von außen, die nicht nur militärisch gefährlich, sondern auch kulturell und religiös völlig verschieden von der Gemeinschaft der Europäer sind. Nicht anders Kaiser Friedrich II., der von den Verwüstungen der Tataren an den Ostgrenzen des Abendlands spricht und hofft, sie würden an einem vereinten und daher überlegenen kaiserlichen Europa zerschellen.

Europa, das wird bereits im Mittelalter deutlich, erlebt seine Einheit vor allem dann, wenn es um die Abwehr einer gemeinsamen Gefahr geht, und es verliert diese Einheit, wenn die Gefahr geschwunden ist. Wenn die Türken vor Wien stehen, wird die Einheit Europas ebenso beschworen wie angesichts des chinesischen Boxer-Aufstands von 1900, in dem die Angstphantasien von der »gelben Gefahr« ihre Evidenz zu finden scheinen und der von einem gesamteuropäischen Expeditionskorps niedergeschlagen wird.

Wie sehr das Gefühl europäischer Identität von einem gefahrdrohenden Anderen abhängt, erweist sich aber auch innerhalb Europas, wenn Kräfte auftreten, die das Gleichgewicht der Mächte oder die politische und geistige Ordnung des Kontinents zu

bedrohen scheinen. Die Demokratie, das Jakobi-
nertum, der Sozialismus, die Juden – alles Feinde,
gegen die die Solidarität der alten Ordnung Europas beschworen worden ist. Man denke etwa an
Edmund Burke, den großen ideologischen Antago-
nisten der Französischen Revolution, der im Geist
des Rittertums den wesentlichen Grund für die
Überlegenheit Europas über Asien fand, und der
deshalb die revolutionäre Ausrottung des französischen Adels als Anschlag auf die europäische Kultur
brandmarkte[20]; oder an Metternich, der dem Freiherrn vom Stein auf dessen Ausspruch: Ich kenne
nur ein Vaterland, und das heißt Deutschland, ant-
wortete: »Mein Vaterland ist Europa«[21] – denn auch
die Idee der Nation galt am Anfang des 19. Jahrhunderts als revolutionär und gefährlich für die alte
Ordnung des Kontinents.

Parteiparolen

IN WELCHE WIDERSPRÜCHE DIESE FÜR EUROPA SO
charakteristische Eigendefinition durch Feindmar-
kierung führt, erweist sich in den vielen Fällen, in
denen die Einheit Europas in den Dienst nationaler
Sonderinteressen gestellt worden ist. Schon im späten Mittelalter haben die Propagandisten des
Reichs, unter ihnen Dante Alighieri, die Legitimität
des Kaisertums als einer »monarchia totius euro-
pae«, einer ganz Europa umfassenden Monarchie

zu begründen gesucht und den Gegner in Frankreich gefunden, dessen König die Universalität des Heiligen Römischen Reiches nicht anerkennen wollte.

In sonderbarer Umkehrung wiederholte sich dieser Machtanspruch im Namen ganz Europas um das Jahr 1800 mit dem Aufstieg des napoleonischen Reichs. Aus dem ersten modernen Nationalstaat der Geschichte, dem Frankreich der Französischen Revolution, wuchs in wenigen Jahren das erste Mal seit dem Reich Karls des Großen eine imperiale Macht, die den ganzen Kontinent direkt oder indirekt beherrschte. Napoleon selbst sah sich als Verteidiger der europäischen Zivilisation; in seinem berühmten Gespräch mit dem Historiker Johannes v. Müller berief er sich auf Herodot und Thukydides, die die Gesittung Griechenlands gegen die asiatische Barbarei gestellt hatten, und sprach von der Notwendigkeit, die Kultur Europas gegen Gefahren aus dem Osten zu schützen. Noch in der Verbannung auf St. Helena erklärte er es für das Hauptziel seiner Herrschaft, Europa unter einem liberalen Kaisertum und mit einer musterhaften sozialen Ordnung als fortschrittliche Organisation eines Kontinents freier Völker, als Synthese von Europäismus und Nationalidee, als Bollwerk gegen das britische Wirtschaftsimperium und den russischen Despotismus zu begründen.

Die Wirklichkeit sah anders aus: Das napoleonische Europa erwies sich als Feld der wirtschaftlichen Ausbeutung und der militärischen Rekrutierung im Dienst der französischen Weltmachtinteressen. Der aus den nationalen Leidenschaften wie aus dem wirtschaftlichen Elend geborene Widerstand der Völker gegen Napoleon, der sich in allen Ländern seines Machtbereichs regte und ihn schließlich zu Fall bringen sollte, definierte sich ebenfalls europäisch, bekämpfte den großen Korsen geradezu als den Widersacher Europas schlechthin, als den »Feind Deutschlands und der europäischen Kultur und Freiheit«, wie der Freiherr vom Stein sagte. Für den Widerstand gegen Napoleon war Europa der Inbegriff von »Geistesfreiheit, Aufleben der Wissenschaften, einem europäischen Staatenbund und der Blüte einer neuen Kultur«, um nochmals den Freiherrn vom Stein zu zitieren – also die Einheit der vielen freien Nationen.

Seit den Tagen der Französischen Revolution und Napoleons kennen wir die Selbstzerfleischung Europas im Namen Europas, also den europäischen Bürgerkrieg, jenes »étrange paradoxe«, jenen sonderbaren Widerspruch in sich, von dem Raymond Aron in Hinblick auf die jüngere Geschichte unseres Kontinents gesprochen hat: Während der Erdteil in Nationalstaaten zerfiel, während der Nationalismus die Massen ergriff und die Völker in die mörderischsten Kriege aller Zeiten stürzte, blieb Europa als Idee lebendig, neigte aber dazu, zur Parteiparole zu verkommen. Schon 1855, während des Krimkriegs, konnte man im britischen »Economist«

lesen, die Sache Großbritanniens sei gerechtfertigt, weil es um die Befreiung Europas von einer großen Gefahr gehe und um die Verteidigung von Freiheit, Zivilisation und Fortschritt gegen deren unversöhnlichsten und mächtigsten Gegner, nämlich Rußland.[22]

Im Ersten Weltkrieg ersannen deutsche und österreichische Professoren und Politiker das Konzept »Mitteleuropa« – das hieß: deutsche politische und wirtschaftliche Vormachtstellung von der Maas bis zum Bosporus. Die Mächte der Entente dagegen kämpften im Zeichen der europäischen Kultur, die aus ihrer Sicht gegen die barbarischen preußischen Eroberungsversuche verteidigt werden mußte; das führte dazu, daß die europäische Idee in der Zwischenkriegszeit allgemein mit dem siegreichen Westen und dessen politischer Ordnung, der Demokratie, identifiziert wurde.

Die Europapläne des französischen Außenministers Aristide Briand ebenso wie die europäischen Visionen eines Gustav Stresemann konnten deshalb den nationalistischen Massenemotionen in Frankreich und Deutschland nicht standhalten; Erfolg hatten nicht die Paneuropa-Ideen des Grafen Coudenhove-Calergi, sondern Schriften wie die eines Arthur Dix, die unter dem Titel »Schluß mit Europa!« die Einigungsidee als Machenschaft der Entente zur endgültigen Entmachtung Deutschlands denunzierten: »Nur der Deutsche soll ein Europa sehen und seine politische Aufmerksamkeit

35

ablenken lassen von der globalen Einstellung der anderen sowohl wie von den eigenen Interessen.« Die eigenen Interessen: Das war »Weltpolitik« zur »Sicherung des Lebensraums deutschen Volkstums«.[23]

Im Zweiten Weltkrieg zeigte sich die Ambivalenz der europäischen Idee in ihrem vollen Licht: Hitlers Propaganda fälschte den nationalsozialistischen Rassen- und Vernichtungskrieg in einen »Kreuzzug Europas gegen die bolschewistische Gefahr« um, während sich Widerstandsbewegungen gegen die nationalsozialistische Unterdrückung auf ihre Gemeinsamkeit im Geist der humanistisch-christlichen Überlieferungen Europas besannen.

Carl Goerdeler erklärte in seinem Friedensplan vom Herbst 1943: »Daher erscheint uns der Zusammenschluß der europäischen Völker zu einem europäischen Staatenbunde geboten. Sein Ziel muß es sein, Europa vor jeder Wiederkehr eines europäischen Krieges vollkommen zu sichern...«[24] Und im Juli 1944 forderte eine »Deklaration über europäische Zusammenarbeit«, ausgearbeitet von Widerstandsgruppen mehrerer europäischer Länder, für die Nachkriegszeit die Errichtung einer europäischen Regierung, eines europäischen Gerichtshofs und einer gemeinsamen europäischen Armee.[25]

Der europäische Widerstand gegen Hitlers Diktatur ist also eine Wurzel der Europabewegung nach dem Zweiten Weltkrieg; eine andere ist der Kalte

Krieg, der eigentlich bereits in der Zwischenkriegszeit zwischen Sowjetrußland und dem Westen ge-
herrscht hatte, in den Zeiten der Anti-Hitler-Koalition jedoch verdeckt worden war, um nun, im Zeichen der expansiven sowjetischen Nachkriegspoli-
tik, in verstärkter Heftigkeit zu entbrennen. Der gemeinsame Antifaschismus der westlichen Länder
Europas weitete sich aus zum gemeinsamen Anti-
totalitarismus, und in dessen Zeichen wuchs die
europäische Bewegung der späten vierziger und
fünfziger Jahre, auf die Begriffe gebracht von dem
britischen Oppositionsführer Winston Churchill,
der am 16. September 1946 in Zürich die Gründung
der Vereinigten Staaten von Europa forderte »für
Hunderte Millionen Menschen, die glücklich und
frei sein wollen, zufrieden und sicher, die nach den
in der Atlantikcharta verankerten Grundsätzen
leben wollen«. [26]

Eurofrust

Wie konnte es aber geschehen, dass trotz des
dichten Geflechts westeuropäischer Institutionen,
die seither entstanden sind, trotz des definitiven
Endes jahrhundertealter Erbfeindschaften, trotz
der Aussicht auf die Vollendung Europas, nämlich
auf die Entstehung eines europäischen Binnen-
marktes von 1992 an, die europäische Begeisterung
der Nachkriegsjahre verflachte, daß in Krisensitua-

tionen der nationale Egoismus der europäischen Staaten stärker zu sein scheint als das gemeinsame Interesse Westeuropas, daß die Wahlen zum Europaparlament weitaus niedrigere Beteiligungen erkennen lassen als die nationalen Parlamentswahlen?

Der Blick auf die Entwicklung des europäischen »Wir«-Gefühls von der Schlacht von Salamis bis in die Gegenwart gibt darauf eine ebenso einfache wie bedrückende Antwort: Europa hat sich immer nur gegen etwas, nie für etwas zusammenschließen können, mit den Worten des britischen Historikers Geoffrey Barraclough: »Die auffälligste Schwäche der europäischen Idee ist, daß sie stark nur so lange bleibt, wie die Bedrohung Europas stark bleibt; es ist eine befristete Einheit, die auf einer zeitweiligen oder auch nur vermuteten Gemeinsamkeit der Interessen beruht und schnell zerfällt, sobald der unmittelbare Zweck weniger drängend ist.«[27]

Das ist die augenblickliche Situation Europas: Ohne die beiden großen Despoten des 20. Jahrhunderts, Hitler und Stalin, wäre die europäische Einigungsbewegung nicht entstanden. Eine Generation, die weder die nationalsozialistische noch die stalinistische Diktatur erlebt hat, die sich zudem derzeit aus dem Osten kaum noch bedroht fühlt, neigt dazu, das reale Europa eher als Ärgernis anzusehen, als ein Gewirr von bürokratischen Institutionen, deren Handeln oft schwer zu verstehen ist, als einen Kontinent von Butterbergen und Milchseen, als ein Feld der mörderischen Konflikte zwischen holländischen und französischen Schweinezüchtern, aber ohne inneren, geistigen Zusammenhang, ohne wirkliche Notwendigkeit und Legitimation.

Statt dessen scheint die Perspektive der Nationalstaaten ein weiteres Mal den Blick auf die europäischen Gemeinsamkeiten zu verstellen; selbst in Fragen grundsätzlicher gemeinsamer Interessen wie denen der Friedenssicherung oder des Umweltschutzes unterscheiden sich die Einstellungen und Verhaltensweisen nicht nur der nationalen Regierungen, sondern auch der Völker selber. Die europäischen Nationen, im Anfang des 19. Jahrhunderts noch utopische Gebilde in den Köpfen intellektueller Minderheiten, erweisen sich in der Gegenwart als lebendige kulturelle und geistige Wesen, die die Wirklichkeit des Kontinents weitaus stärker bestimmen als die Hoffnung Europa.

Das liegt nicht nur daran, daß die politischen und rechtlichen Institutionen der Staaten einstweilen noch stärker sind als die der Europäischen Gemeinschaft; tatsächlich spricht viel dafür, daß die kulturellen und gesellschaftlichen Gemeinsamkeiten Europas die Unterschiede auf diesen Gebieten weit übertreffen. Der Berliner Sozialhistoriker Hartmut Kaelble konstatiert geradezu »eine zunehmende Angleichung der europäischen Gesellschaften, die in einigen Aspekten sehr weit ging und dort zwischen westeuropäischen Ländern zu Ähnlichkeiten führte, wie man sie auch zwischen amerikanischen Bundesstaaten« finde[28].

Das entscheidende Hindernis für ein starkes europäisches Identitätsgefühl liegt aber in den Köpfen der Menschen. Denn weil die Menschen ihre Gemeinsamkeit stets als gemeinsame Vergangenheit empfinden, erkennen sie sich in erster Linie in ihren nationalen Geschichten wieder; »eine Nation«, so sagt es der französische Soziologe Edgar Morin, »wird durch ein kollektives Gedächtnis und durch gemeinsame Normen und Regeln zusammengehalten. Die Gemeinschaft einer Nation schöpft aus einer langen Vergangenheit, die reich ist an Erfahrungen und Prüfungen, Leid und Freude, Niederlagen, Siegen und Ruhm, die in jeder Generation jedem Individuum durch Elternhaus und Schule weitervermittelt und von ihm tief verinnerlicht werden...«[29]

Im historischen Gedächtnis der Europäer steht deshalb die nationale Identität im Vordergrund; wie man den Wald manchmal vor Bäumen nicht sieht, nehmen die Europäer ihren Kontinent vor lauter Nationen nicht wahr. Wir müssen also lernen, Europa zu denken, damit es lebendige Wirklichkeit werden kann. Dazu hilft der Blick auf das gemeinsame Erbe; es geht darum, die europäische Geschichte neu zu lesen, um die europäischen Gemeinsamkeiten im Guten wie im Bösen, in den Chancen wie in den Gefährdungen aufzuspüren, und um diejenigen roten Fäden zu entdecken, die

die Identität Europas über Jahrhunderte, vielleicht sogar über Jahrtausende zusammenhalten. Haben wir dies getan, wird uns auch die Antwort auf die Frage leichter fallen, was Europa denn in Wirklichkeit sei, was es sein kann, und was es sein soll.

Harmonie der Dissonanzen

DAS IST EIN SCHWIERIGES UNTERNEHMEN, WEIL ES von Anfang an mit einem scheinbaren Widerspruch belastet ist: Wer nach einem definitiven Anfang Europas oder nach einem durchgehenden, einheitlichen Charaktermerkmal sucht, vor dessen Augen verschwimmt Europa; erst wenn man die Idee eines einheitlichen, harmonischen, klar definierten Europa aufgibt, kann man Europa entdecken: ein Europa der Uneinigkeit, der Streitigkeiten und Antagonismen.

Das Gemeinsame Europas liegt dann nämlich gerade in seiner inneren Vielfalt und Widersprüchlichkeit, in seinen Brüchen und Dissonanzen:»Erst durch das Auseinanderbrechen der Christenheit«, so nochmals Edgar Morin,»konnten solche ureigenen europäischen Realitäten wie der Humanismus, die Wissenschaft und die Nationalstaaten entstehen, und erst durch die Auseinandersetzungen und Antagonismen zwischen den Nationalstaaten konnte sich der Begriff Europa verbreiten und durchsetzen«.[30]

Die Vielfalt Europas zeigt sich auf allen Ebenen. Das beginnt mit den Landschaften: Gebirge, Ebenen, Seenplatten, Wald- und Heidegebiete, die sich in Asien, in Amerika oder Afrika gleichförmig über immense Weiten erstrecken, liegen in Europa nahe beieinander. Daher auch die bunte Vielfalt der Art, wie die Menschen den Boden nutzen, ihre Nahrungsmittel erzeugen, Häuser, Städte und Straßen bauen. Nicht anders die Sprachen Europas; gewiß ist das Indoeuropäische gemeinsamer Sprachgrund fast aller europäischen Idiome, aber die sprachliche Fragmentierung, von den großen slawischen, lateinischen und germanischen Sprachfamilien bis hinunter in die regionalen Dialektabweichungen, ist der wichtigste Grund für die bleibende Vielfalt der Regionen, Völker und Staaten und für die Hindernisse, die einem einheitlichen Europa entgegenstehen.

Und wie die Sprachen sondern sich die vielen Kulturen voneinander; das gilt nicht nur in räumlicher Hinsicht, sondern auch in anderer. Da ist die tiefliegende Schicht der ursprünglichen Kultur des Volkes, keineswegs so archaisch-dauerhaft, wie romantische Volkskundler geglaubt haben, sondern durchaus entwicklungsfähig und veränderbar, aber doch mit Wurzeln, die weit in die europäische Frühzeit hineinreichen und auf untergründige Weise unsere heutige Welt mit heidnischen Lebensformen verbinden. Darüber hat sich die Kultur der allgegenwärtigen christlichen Kirche gelegt, die zu verschiedenen Zeiten in unterschiedlicher Weise Lebensstil und Denken der Europäer geformt hat, die aber auch ihrerseits in Kirchenspaltungen, Reformationen und Glaubenskriegen höchst gegensätzliche Ausformungen ausgebildet hat.

Und dann ist da die humanistische Kultur, die Kultur eines spekulativen, ketzerischen, weltlichen Denkens, das zu allem führen kann, zur aufgeklärten Vernunft wie zur mörderischen Ideologie. Alle diese Kulturen durchdringen einander und bekämpfen sich zugleich, sie bestimmen Epochen, um in den folgenden zu vergehen und noch später in verwandelter Gestalt wiederzukehren: So bleiben Griechenland, Judäa, Rom, das christliche Mittelalter, Renaissance und Barock Teile unserer Gegenwart. Wie in einem Webstuhl schießen die verschiedenen Fäden der vielen Kulturen von einem Land Europas zum anderen, aus einer Epoche in die nächste, überkreuzen sich gegenseitig und ergeben schließlich das bunte Muster, in dem die Einheit der europäischen Kultur besteht.

Und schließlich die Vielfalt der Milieus, der Regionen, der Nationen und vor allem der Staaten: Europa war nie anders als politisch zerstückelt zu denken. Die europäische Geschichte ist auch eine Geschichte der Kriege zwischen den Staaten Europas, aber gerade hierin zeigt sich ihr Paradox: Während die Staaten Asiens über die Jahrtausende hinweg entweder schnell entstehen und vergehen oder aber zu großen, despotischen Hegemonialmächten aufsteigen, balancieren sich die vielen Staaten Europas für die Dauer gegenseitig aus. Das Heilige Römische Reich konnte nur deshalb bis 1806 bestehen, weil es gestaltlos und ohne Macht war und innerhalb seines Rahmens einer Vielzahl von Staaten eine weitgehend souveräne Existenz erlaubte; ähnliches galt in größerem Maßstab für Europa.

Immer wenn ein Staat so viel Macht zusammenballte, daß er Europa zu beherrschen drohte, schlossen sich die übrigen Staaten zu Koalitionen zusammen, um die Übermacht eines Einzelnen zu verhindern; war der Herausforderer niedergeworfen, kam es zu anderen Machtungleichgewichten, die zu neuen Bündnissen und neuen Kriegen führten. Dabei blieb aber der Besiegte stets Teil des Ganzen, wurde nie von der Landkarte gewischt, sondern als gleichberechtigter Partner im europäischen Machtgeflecht akzeptiert – die Teilungen Polens Ende des 18. Jahrhunderts blieben lange die große Ausnahme. So bildete sich trotz häufiger Kriege ein stabiles europäisches Mächtegleichgewicht heraus, dessen Zusammenspiel rechtlich geregelt war: das *ius publicum europaeum*, das europäische Völkerrecht entstand und damit ein Instrument des vernünftigen Ausgleichs zwischen den Staaten, das bis zum Ersten Weltkrieg seine Funktionsfähigkeit zur Aufrechterhaltung der europäischen *balance of power* unter Beweis stellte.

Damit ist eins der entscheidenden Elemente europäischer Identität benannt: die Vielfalt der

Ideen, Kulturen, Regionen und Staaten, die sich dadurch auszeichnet, daß sie dauerhaft bleibt, also nie für längere Zeit der Vorherrschaft einer Idee, einer Kultur oder eines Staates anheimfällt. Jeder Versuch der Hegemonie ruft Gegner auf den Plan, und aus der Auseinandersetzung entsteht früher oder später neue Heterogenität.

Das gilt auch für Religionen und Ideologien; selbst das für Europa so prägende Christentum hat schließlich den Kampf um die geistige Vorherrschaft aufgeben müssen, nachdem es bereits zuvor in einander widerstreitende Konfessionen zerfallen war. Das gilt für kulturelle Ausdrucksformen, die für sich Alleingültigkeit beanspruchen; so unterlag schließlich die französische Hofkultur des siebzehnten und achtzehnten Jahrhunderts, die Geist und Politik Europas in ihrer Epoche beherrschte, den romantischen Nationalkulturen des neunzehnten Jahrhunderts. Das gilt insbesondere für das europäische Staatensystem, dem es stets gelang, Vorherrschaftsansprüche seiner Mitglieder zurückzuweisen, ob es sich um Schweden im siebzehnten, Frankreich im achtzehnten und beginnenden neunzehnten Jahrhundert oder um Deutschland und Rußland im Verlauf der letzten zweihundert Jahre handelte.

Erst Hitlers wahnwitzige Weltherrschaftspläne sollten die Selbstregulierungskraft Europas überfordern, die Rettung kam über den Atlantik und aus der asiatischen Steppe.

Die Vielfalt überdauert, indem sie sich selbst reguliert: Das trifft nicht nur auf die Beziehungen der Staaten untereinander zu, sondern auch auf das Verhältnis der einzelnen Staaten zu ihren Bürgern und auf die Beziehungen der Bürger untereinander. Der *balance of power*, also dem rechtsförmig geregelten Ausgleich zwischen den politischen Kräften im Staatensystem, entspricht in der Innenpolitik die Demokratie: Hier geht es um den Ausgleich zwischen den Interessen der Bürger und ihrer Vereinigungen auf rechtsförmiger Grundlage, meist in Gestalt einer Verfassung; nicht nur die Rechte, Pflichten und Interessen der einzelnen Bürger werden ausbalanciert, sondern auch die Befugnisse der staatlichen Institutionen, die sich gegenseitig kontrollieren, und deren Macht auf diese Weise begrenzt wird.

Freiheit der vielen Einzelnen

WIEDER IST ES SCHWIERIG, EUROPA ZU DEFINIEREN; denn offenbar ist die Demokratie keineswegs diejenige Regierungsform, die in der europäischen Geschichte überwiegt, und was sich im Einzelnen hinter dem Begriff verbirgt, ist höchst unterschiedlich. Die »Demokratie« der griechischen Antike beruhte auf der Volksversammlung und auf der jährlichen Bestimmung der Herrschenden durch Losentscheid; die moderne Demokratie, zusammengesetzt aus Elementen der britischen und der französischen Verfassungsgeschichte, beruht auf Repräsentation und Ämterwahl. Und zwischen beiden Regierungsformen klafft ein zeitlicher Abstand von fast zweitausend Jahren; weder die römische Staatspraxis noch das Mittelalter kannten die Demokratie, und in der frühen Neuzeit bis zum Ende des 18. Jahrhunderts war sie lediglich ein Wort der Gelehrtensprache.

Seit der Französischen Revolution gelten aber Idee und Praxis der Demokratie als Inbegriff jeder fortschrittlichen europäischen Verfassung; im imperialistischen Zeitalter und erst recht nach dessen Niedergang strahlte das europäische Demokratiemodell von Europa auf die gesamte Welt aus, und wenn auch heute nur eine Minderheit von Staaten im Sinne der klassischen europäischen Verfassungstheorien als demokratisch angesehen werden kann, so besitzt das Modell doch soviel Legitimationskraft, daß Diktaturen jeder Richtung sich mit dem Wort schmücken ließen, bis hin zu dem sonderbaren Nonsens-Begriff »Volksdemokratie«.

Um dergleichen Scheindemokratien von der Demokratie aus europäischer Tradition zu unterscheiden, hilft es, sich weiterer Elemente bewußt zu werden, die zur Identität Europas beitragen. Da ist vor allem an die Idee der Freiheit zu denken, in der antike und neuzeitliche Demokratie zusammentreffen. Als Europa das erstemal in seiner Geschichte als politischer Begriff auftauchte – zu Zeiten der

Perserkriege, als Gegenbegriff zu Asien –, wurde es durch die bei den Griechen herrschende Freiheit definiert, und zwar durch die Freiheit in ihren zwei wichtigsten Bedeutungsformen, die sich bis heute erhalten haben: als Unabhängigkeit von Fremd-herrschaft, und als Entfaltungsmöglichkeit der Ein-zelperson in einer freien Regierungsform, eben der Demokratie, wie Platon sie sieht: »Nicht wahr, an erster Stelle steht doch dies, daß sie freie Menschen sind, und daß der Staat förmlich überquillt von Frei-heit und Schrankenlosigkeit im Reden, und daß jeder in ihm die volle Möglichkeit hat zu tun, was er will.«[31]

Seither hat das Wort »Freiheit« eine Unzahl der verschiedensten Bedeutungsvarianten, Gegenbe-griffe und Konnotationen erfahren, aber Platons Definition vom Zusammenhang der Freiheit mit der Demokratie ist im Kern bis heute gültig; sie kann als Maßstab dafür gelten, ob wir es mit wirkli-cher Demokratie zu tun haben oder aber mit der ver-brämten Diktatur einer Einzelperson, eines Appa-rats oder einer Partei.

Mit der durch Verfassung und Recht geschützten, durch die Idee der Freiheit normierten Vielfältig-keit Europas ist ein weiterer, vielleicht der wichtig-ste rote Faden unserer gemeinsamen Identität ver-knüpft: die Behauptung von der Individualität jedes einzelnen Menschen als letztem Wert und letztem Ziel jeder Ordnung. Das hat seine Wurzel einerseits in der antiken, vor allem stoischen Lehre von der

Einmaligkeit jedes Einzelwesens, zum anderen in der christlichen Vorstellung von der Würde des Einzelmenschen als Ebenbild Gottes.

Da jedes Individuum, mit Leopold v. Ranke zu reden, »gleich zu Gott ist«, besitzt es gegen seine Mitmenschen wie gegen jede Organisation unveräußerliche Rechte, die seit Jahrhunderten, in Abwehr absolutistischer Herrschaftsansprüche, in besonders feierlicher Form kodifiziert worden sind – man denke etwa an die britische *Habeas-Corpus-Akte* von 1679, mit der willkürliche Verhaftungen eingeschränkt wurden, an das Potsdamer Edikt von 1685, mit dem den brandenburgischen Untertanen Religions- und Gewissensfreiheit zugesichert wurde, an die *Virginia Bill of Rights* von 1776, die zum ersten Mal einen Katalog der unveräußerlichen Menschenrechte enthielt, und vor allem an die Erklärung der Menschen- und Bürgerrechte durch die französische Nationalversammlung von 1789, die größte und folgenreichste Leistung der Französischen Revolution.

Von nun an galt als Voraussetzung eines demokratischen Staatswesens, daß die Würde jedes einzelnen Menschen natürlich, unveräußerlich und heilig sei und daß der Zweck des Staates in nichts anderem bestehe als in der Wahrung der Menschenwürde und den daraus folgenden Rechten.

Glaube und Vernunft

DAS HATTE NICHT NUR WEITREICHENDE FOLGEN FÜR die politische Ordnung Europas, sondern auch für die europäische Kultur. Denn damit war anerkannt, daß dem Denken und der Meinungsäußerung des Einzelnen von Staats wegen keine Fesseln angelegt werden dürfe und daß frei sein solle, was als letztes Element europäischer Identität zu nennen ist: die menschliche Vernunft. Max Weber hat von dem »Rationalisierungsprozeß« als einem ausschließlichen und bestimmenden Wesenszug Europas gesprochen und an diesem Leitfaden die Kontinuität des Kontinents von den Griechen bis zur Gegenwart entwickelt.

Rationalisierung, Logik, Entzauberung prägen den Verlauf der europäischen Geistesgeschichte; das heißt Wissenschaft, das heißt Mathematisierung und Technisierung, das heißt rationale, bürokratische Herrschaft.

Die Entdeckung der Vernunft verlieh den Europäern ein Instrument zur Beherrschung der Natur wie der Menschen, wie es in anderen Weltgegenden nie auch nur in annähernd ähnlicher Effektivität entwickelt worden ist.

Rationalismus ist das Geheimnis der jahrhundertelangen europäischen Weltherrschaft, von der Waffentechnik bis zur Verwaltung, und wenn es heute eine Weltkultur jenseits aller nationalen und regionalen Besonderheiten gibt, dann auf der Grundlage

der europäischen Idee wie der europäischen An-
wendung von Vernunft.

Vernunft heißt aber nicht nur Herrschaft; sie bedeutet auch Kritik, denn sie ist dem Glauben entgegengesetzt. Mit ihr ist der Geist des Zweifels, der
Skepsis und der Ironie in das europäische Denken
eingetreten, der jede Gewißheit problematisiert,
einschließlich der Gewißheit der Vernunft selbst.
Aus dem dauernden Widerspruch von Gewißheit
und Zweifel hat Europa die Lebendigkeit, Wandel-
barkeit und Fruchtbarkeit seiner Kultur gezogen;
der Pendelschlag zwischen Vernunft und Glauben,
Mythos und Logos, Aufklärung und Romantik, Tradition und Fortschritt bestimmt den Takt, in dem
die Kultur Europas unaufhörlich neu entsteht, während sie sich selbst unablässig in Frage stellt.

Von hier aus spannt sich der Bogen zurück zu
jenem Ausgangspunkt der Suche nach Bestandtei-
len der europäischen Identität: zur Vielfalt in der
Einheit, entsprungen aus der Idee der Individualitäten und ihres Vorrechts vor der Uniformität, gegen-
einander ausbalanciert und geschützt durch rationale Institutionen und Verfassungen auf der Grundlage der Idee der Freiheit und der Menschenrechte,
geordnet nach den Prinzipien des Interessenausgleichs und der Demokratie.

Europäische Nachtseiten

UM KEIN MISSVERSTÄNDNIS AUFKOMMEN ZU LASSEN: dies ist ein Idealbild. Es setzt sich zusammen aus wesentlichen Elementen, die die Geschichte Europas, und nur Europas, hervorgebracht hat, aber keinswegs aus allen diesen Elementen. Ein Blick von außen auf unseren Kontinent kann auch ganz andere Wahrnehmungen machen. Die Geschichte Europas ist auch die Geschichte der unaufhörlichen Kriege, die Schattenseite der Buntheit und Widersprüchlichkeit unseres Kontinents – tatsächlich ist die Periode vom Ende des Zweiten Weltkriegs bis heute die längste Friedenszeit, die Europa jemals gekannt hat.

Die Geschichte Europas ist auch die Geschichte von Unterdrückung, Gewissenszwang und blutiger Diktatur; die kalte Effektivität der fürchterlichsten Massenvernichtung der Geschichte, des nationalsozialistischen Holocaust, war in ihrer Rationalität spezifisch europäisch. Die Geschichte Europas ist nicht zuletzt die Geschichte des Imperialismus, der Unterwerfung und Unterdrückung der übrigen Welt, ihrer Ausbeutung und ihres Ausblutens im Dienste des Wohlstands unseres eigenen Erdteils.

»Wenn man mir sagt, daß Europa das Land des Rechts ist, so denke ich an Willkür«, schreibt der französische Historiker Jean-Baptiste Duroselle; »daß es das Land der Menschenwürde ist, so denke ich an Rassismus; daß es das Land der Vernunft ist, so denke ich an romantische Schwärmerei. Und Gerechtigkeit finde ich auch in Pennsylvania, Menschenwürde auch bei den arabischen Nationalisten, Vernunft überall auf der Welt, wenn man davon ausgeht, daß, wie Descartes sagt, der gesunde Menschenverstand die am weitesten verbreitete Sache der Welt sei«[32] – womit Descartes allerdings Erasmus von Rotterdam widerspricht, für den die weitestverbreitete Sache der Welt die Torheit war.

Und sind nicht alle jene Merkmale, die wir als europäische Eigenarten erkannt haben, auch mit einer finsteren Seite versehen? Ist nicht die Idee der Demokratie bereits seit der Französischen Revolution durch blutige Verbrechen im Namen des Volkes beschmutzt, ist nicht der Traum der Freiheit auch Vorwand für Anarchie und Willkür von Minderheiten gewesen, steht nicht die Vernunft auch im Dienst diktatorischer Unterdrückungsapparate, der Perfektionierung des Kriegsgeräts, der Zerstörung der Natur? Waren nicht die Vielfalt und Individualität der europäischen Daseinsformen Voraussetzung für den Antagonismus der Nationalstaaten und damit Anlaß für die mörderischsten Kriege, die die Menschheit kennt?

Über alles das muß man sich im klaren sein, wenn man von europäischer Identität spricht; das Thema ist zu wichtig, als daß man es den Schönfärbern und Sonntagsrednern überlassen dürfte. Die Demokratie ist nicht der europäische Regelfall; sie ist eine späte Erscheinung, sieht man von ihrem Urbild ab, der griechischen Polis, und sie hat sich nur langsam entwickelt – freie, gleiche und geheime Wahlen setzten sich erst im Laufe der zweiten Hälfte des 19. Jahrhunderts durch, und das Frauenwahlrecht, mit dem der Entstehungsprozeß der parlamentarischen Demokratie seinen Abschluß gefunden hat, wurde in den meisten europäischen Ländern erst nach dem Ersten Weltkrieg eingeführt.

Zudem ist die Demokratie ständig aus sich heraus gefährdet, wie die Zwischenkriegszeit gezeigt hat, als die Mehrheit der europäischen Demokratien in Diktaturen umschlug, und dies keineswegs immer durch die Machtergreifung der Diktatoren, sondern oft genug durch die freiwillige Selbstentmachtung der Demokraten, wie im Fall Deutschlands. Und ist nicht die Demokratie stets unvollkommen, sind nicht ihre Verfassungsgrundsätze stets mehr oder weniger weit von ihrer vollen Verwirklichung entfernt?

Die Idee der Demokratie und ihre Wirklichkeit sind nicht dasselbe, und Ähnliches gilt für die Ideen der Freiheit und der Menschenwürde – sie scheinen nur allzuoft zerredet und in dauerndem Mißbrauch grau geworden. Und die Erfahrungen der Geschichte Europas, von der Jakobinerherrschaft bis zur Revolution der Bolschewiki, lehren überdies, daß alle Versuche, die Freiheit in ihrer vollkommenen Form zu verwirklichen, in den schrankenlosesten Despotismus führen.

So widersprüchlich und schwierig ist also unser

europäisches Erbe; nicht nur sind Hell und Dunkel darin dicht benachbart, sondern das Helle ist auch stets in Gefahr, von der Dunkelheit verschlungen zu werden.

Gerade deshalb ist es wichtig, in den Ideen der Demokratie, der Freiheit, der Menschenwürde, der Vernunft, der Pluralität, in allen diesen Anschauungen, die ganz und gar der Geschichte Europas entspringen, die legitimierenden Leitideen unseres Kontinents zu sehen; denn wenn wir auch wissen, daß sie nie ganz verwirklicht werden können, daß sie stets der Verschmutzung durch Einzelinteressen und pragmatische Politik ausgesetzt sind, wissen wir doch auch – und sind seit Beginn der osteuropäischen Revolutionen dessen gewisser als zuvor –, daß es ohne sie für Europa keine Zukunft gibt. Sie sind regulative Ideen im Sinne Immanuel Kants: unverrückbare Ideale, die dem politischen Handeln Maß und Ziel verleihen.

Wenn wir also von Europa als von einer auf Geschichte und Kontinuität ruhenden Wirklichkeit reden, dann gibt es nur eine sinnvolle Bedeutung: die Einheit einer durch Vielheit gekennzeichneten Kultur, gewachsen aus griechischen, römischen, christlichen, humanistischen Wurzeln, gekrönt von den Ideen der Freiheit und Menschenwürde, die von den Institutionen der Demokratie geschützt werden.

Wo Europa liegt

DER ORT DIESER KULTUR IST NICHT DER RAUM zwischen Atlantik und Ural. Schon unter politischen Gesichtspunkten ist dies eine schwer einsehbare Begrenzung, da doch die Sowjetunion die ganze Weite vom Bug bis zum Ochotskischen Meer übergreift; die Unterscheidung zwischen einem »europäischen« und einem »asiatischen« Teil des Sowjetimperiums ergibt machtpolitisch keinen Sinn. Dies ist ein Argument, das dafür spricht, die Sowjetunion für die Zukunft vielleicht als Partner und Verbündeten eines vereinten Europa, nicht jedoch als Teilhaber zu akzeptieren.

Angesichts der schieren geographischen Größenordnungen würde das die politischen Schwergewichte weit nach Osten verlagern, und damit in Richtung auf ein Land, das im Laufe seiner Geschichte an der Kultur Europas lediglich am Rande beteiligt gewesen ist. Rußland hat keine Renaissance gekannt, es hat lediglich in Gestalt einer sehr schmalen, in der Regel nichtrussischen Oberschicht der Aufklärung gehuldigt, ohne daß dies Folgen für seine innere Ordnung und deren Institutionen gehabt hätte. Rußland, das hieß immer Despotismus, ob in zaristischem oder leninistischem Gewand. Bis heute gilt: östlich des Bug beginnt eine andere Welt.

Doch es bedarf für unseren Kontinent ohnehin keiner statischen geographischen Definition, denn Europa hat im Laufe seiner Geschichte ganz unterschiedliche Räume umfaßt. Die Geographie ändert sich kaum, die Zivilisation dagegen ist wandelbar, sie entwickelt sich nicht nur in der Zeit, sondern auch im Raum, weicht hier zurück, dringt andernorts vor.

Wenn die Ideale der europäischen Kultur derzeit vor unseren Augen die Parteidiktaturen Osteuropas zersetzen, so genügen diese Ideen für sich alleine noch nicht; sie bedürfen auch der demokratischen Institutionen auf der Grundlage von Menschenrechten und Volkssouveränität, von Gewaltenteilung und Repräsentation, um geschützt und verwirklicht zu werden. Osteuropa muß also Westeuropa werden, darf nicht Zwischeneuropa bleiben.

Dieser Kontinent ist zu klein, als daß er die provinzielle Idylle eines dritten Wegs zwischen Ost und West ertrüge.

Nationen und Nationalstaaten

WENN EUROPA EINE ZUKUNFT HABEN SOLL, DANN wird es unvermeidlich an das Europa der Vergangenheit anknüpfen müssen; in dieser Umbruchphase ist es Aufgabe der Historiker, die Identität Europas zu benennen, und die Aufgabe der Politiker und damit unser aller Aufgabe, das Bewahrenswerte vom Gefährlichen und Selbstzerstörerischen zu unterscheiden.

Dies um so mehr, als die Zukunft Europas nie

mehr seit dem Ende der napoleonischen Ära, also seit 1815, so offen war wie heute. Gewiß wird das Europa der kommenden Epoche freier und gerechter geordnet sein als das der vergangenen vierzig Jahre; aber es wird auch instabiler und gefährdeter sein. Der Druck der großen Mächte, der diesen Kontinent so lange hat erstarren lassen, hat immerhin ein Gutes gehabt: er hielt den Frieden aufrecht – nicht nur weil sich die Nuklearmächte gegenseitig in Schach hielten, sondern auch weil die vielen nationalen Eigeninteressen wenig Spielraum zur Entfaltung besaßen.

Mit dem Auseinanderrücken der großen Flügelmächte wiederholt sich aber, was bereits im Laufe des neunzehnten und im ersten Drittel unseres gegenwärtigen Jahrhunderts geschah: in demselben Maße wie die transnationalen Großreiche zusammenbrachen, das Osmanische Reich, die Österreich-Ungarische Doppelmonarchie, das zaristische Rußland, erwachten die vielen Nationalitäten Ost- und Mitteleuropas. Und weil man vom Westen gelernt hatte, daß jede Nation eines Staats bedurfte, folgte auf das Erwachen des Nationalbewußtseins eine Periode blutiger und endloser Kriege; denn angesichts des völkischen, nationalen und sprachlichen Durcheinanders, das im größten Teil Europas herrscht, sind gerechte Grenzen zwischen Nationalstaaten ein Ding der Unmöglichkeit, und dies um so mehr, als die Ansichten darüber, was eine Nation ausmacht, auseinandergehen.

»Was ist des Deutschen Vaterland?« fragte Ernst Moritz Arndt in seinem Gedicht »Der Deutschen Vaterland« von 1813, das in gewisser Weise die erste deutsche Nationalhymne darstellt, und er gab die Antwort: Das deutsche Vaterland ist überall dort, wo deutsch gesprochen wird. Die deutsche Nation wurde also als objektives Merkmal konstituiert, unabhängig vom Willen der Personen: wer deutsch sprach, mußte Deutscher sein, ob er wollte oder nicht. Und Ähnliches galt für die große Mehrzahl der europäischen Nationen, für Italien ebenso wie für die Menschen in den Vielvölkerreichen Osteuropas: Wo die Nation erst erkämpft und hergestellt werden mußte, da war es die Sprach- und Kulturgemeinschaft, die sich zur Nation erklärte.

Anders in Westeuropa. Die Nation der Französischen Revolution war die Gemeinschaft aller politisch bewußten Staatsbürger; wer sich nicht zum revolutionären dritten Stand bekannte, war von der Nation ausgeschlossen. Umgekehrt galt, daß zur Nation gehörte, wer sich zu ihr bekannte; so faßte der Württemberger Karl Friedrich Reinhard beim Bekanntwerden der Nachricht von der Flucht Ludwigs XVI. im Jahr 1791 den Entschluß, »als Franzose leben und sterben zu wollen«, und er war damit Franzose, wurde eine der bedeutendsten Gestalten der französischen Diplomatie und sogar Außenminister. Die Nation in französischem Verständnis war Sache der freien Entscheidung jedes Einzelnen, »*un plébiscite de tous les jours*«[33].

Daß diese Unterscheidung in eine subjektive (französische) und eine objektive (deutsche) nationale Identität durchaus nicht nur eine Konstruktion der Historiker ist, sondern sehr reale politische Folgen hatte, zeigt das Beispiel der Elsässer: Sie, die sich besonders früh zur Französischen Republik bekannt hatten und damit zu Franzosen geworden waren, blieben wegen ihrer Sprache in den Augen der Deutschen unentrinnbar an Deutschland gebunden. Die tragischen Folgen dieser Unvereinbarkeit zweier nationaler Identifikationsmodelle sind bis in die Gegenwart zu beobachten.

Wenn selbst in Westeuropa die Beziehung zwischen zwei Nationen, der französischen und der deutschen, anderthalb Jahrhunderte hindurch zu einer von beiden Seiten sorgfältig gepflegten »Erbfeindschaft« erstarren konnte, um wieviel tiefer gingen da erst die nationalistischen Haßgefühle in jenen Gebieten Europas, in denen in fast jedem Dorf eine andere Sprache gesprochen wird. Die Kriege zwischen Polen und Litauen, Weißrussen und Ukrainern, Bulgaren, Serben, Makedonen, Griechen und Türken haben Europa vergiftet und schließlich in den Ersten Weltkrieg geführt, um danach fortzudauern.

Vor dieser Gefahr steht Europa heute von Neuem. Kaum ist der Druck der Sowjetarmee geschwunden, da stellt Weißrußland Gebietsansprüche an Litauen, kommt es in Siebenbürgen zu blutigen Kämpfen zwischen Rumänen und Ungarn, droht der jugoslawische Vielvölkerstaat im Bürgerkrieg zu zerbrechen. Gleichzeitig lockern sich die engen sicherheitspolitischen Bindungen Westeuropas; angesichts der bevorstehenden deutschen Einheit tauchen Bündniskonstellationen aus dem Abgrund der Geschichte unseres Kontinents auf, die man längst für historisch überwunden gehalten hatte: Der polnische Ministerpräsident beschwört in Paris die alte Freundschaft Polens mit Frankreich, und in Planspielen des Londoner *Foreign Office* feiert die britisch-französische *entente cordiale* gespenstische Auferstehung.

Keine Frage: Das Gift, an dem Europa schon einmal fast zugrunde gegangen ist, wirkt fort und droht den Kontinent erneut zu verseuchen. Um so wichtiger ist es, zu unterscheiden: Nicht die Teilung in Nationen ist es, die Europa gefährdet, sondern der Drang zu Nationalstaaten, in denen die unerfüllbare und schimärische Einheit von Nation, Sprache und Staatsgebiet herbeigeführt werden soll. Angesichts der Unmöglichkeit dieses Projekts in der Enge Europas hat das immer wieder zu der Massenneurose des Nationalismus geführt, zu dem Glauben, daß die Nation den höchsten Wert einer Gemeinschaft darstellen müsse.

Daß der Nationalstaat auf manchen Ebenen überholt ist, macht jeder Blick auf die Wirklichkeit zumindest Westeuropas sichtbar. Von der Notwendigkeit weitausgreifender Wirtschaftsräume über die Vereinheitlichung der Verkehrs- und Kommunikationsnetze bis zur Regelung der Umweltfragen haben staatliche Institutionen sich mittlerweile als zu begrenzt erwiesen. Der Nationalstaat, der im vergangenen Jahrhundert als Gehäuse der sich entfallenden Industriegesellschaft und als Regelmechanismus für deren Konflikte vernünftig war, der darüber hinaus den einzigen Rahmen für demokratische Institutionen und Verfassungen bildete, stellt heute die Bedürfnisse der Menschen nicht mehr zufrieden; andere, weiträumigere Ordnungen müssen hinzutreten.

Und welchen Zweck sollen Staatsgrenzen innerhalb Europas noch haben, wenn die Verfassungsordnungen und die Wirtschaftssysteme einander immer ähnlicher werden? Was bedeutet noch die deutsch-polnische Grenze, wenn Deutsche und Polen hüben wie drüben unter ähnlichen Umständen leben und arbeiten können? Was für die eidgenössischen, elsässischen und badischen Alemannen, was für die dänischen und deutschen Schleswiger schon lange gilt, kann auch Wirklichkeit für die deutschen und die polnischen Schlesier, die österreichischen und die slowenischen Kärntner, die griechischen und die jugoslawischen Makedonen werden: daß die kulturelle Einheit der Region stärker sein kann als die trennende Staatsgrenze.

Es wird immer deutlicher, daß auch der Nationalstaat in einer bestimmten Umbruchzeit der europäischen Geschichte entstanden ist und also auch wieder vergehen wird wie alle anderen historisch begründeten politischen Ordnungssysteme. Der Nationalstaat ist nicht überflüssig, denn viele seiner politischen und rechtlichen Einrichtungen, von den Verfassungen bis zu den Verwaltungsorganisationen, sind einstweilen durch nichts ersetzt; aber er ist weniger wichtig geworden.

Das heißt aber nicht, daß die Nationen selbst »überwunden« seien, wie namentlich viele Deutsche nach dem Zweiten Weltkrieg geglaubt hatten, nicht zuletzt, um ihrer eigenen belastenden nationalen Bindung zu entfliehen, während zugleich in der Dritten Welt das Nationalprinzip mit Zustimmung gerade der europäischen Liberalen Triumphe feierte. Die Einigung des freien Teils des Kontinents schien greifbar nahe zu sein, und es gehört zu den größten Enttäuschungen der Nachkriegszeit, daß trotz beachtlicher wirtschaftlicher und auch politischer Integrationserfolge das Prinzip der Nation unerschütterlich seine Rechte behauptet hat.

Der Glaube überzeugter Europäer der vierziger und fünfziger Jahre, die Nationen seien lediglich Folge einer überholten Ideologie und könnten beliebig abgeschafft werden, zerschellte an der Realität der bestehenden politischen, mehr aber noch geistigen Strukturen Europas: Die europäischen Nationen, im Anfang des 19. Jahrhunderts noch utopische Gebilde, erweisen sich in der Gegenwart als lebendige kulturelle und geistige Wesen, mehr noch: als Ausdruck jener Pluralität, ohne die Europa sein Wesen verlieren müßte.

Wenn es eine Lehre gibt, die sich aus den zahlreichen Fehlschlägen der europäischen Einigungsbemühungen herauskristallisiert, so die, daß die europäische Einigung nur mit, nicht gegen die Nationen und ihre legitimen Eigenheiten vor sich gehen kann, wie auch die Nationen ihrerseits zu lernen beginnen, daß auch sie sich aus einer Vielzahl von ethnischen, sprachlichen und regionalen Einheiten zusammensetzen.

Die dauerhafte Einheit der Vielfalt – das ist nicht durch einen zentralistischen, mit allen modernen Machtbefugnissen ausgestatteten Einheitsstaat zu verwirklichen, wie er in der heutigen Brüsseler Kommission mit ihren weitreichenden wirtschaftspolitischen Kompetenzen bereits vorgegeben zu sein scheint. Dauerhaft kann eine europäische Verfassung nur sein, wenn sie mit den Nationen, ihrer langen Geschichte, ihren Sprachen und ihren Staaten rechnet. Zudem sind da die Regionen und Länder, meist ebenfalls aus langen Traditionen erwachsen und zu Heimaten geworden, den Herzen der Menschen besonders nah. Und da sind die Gemeinden, in denen sich das überschaubare alltägliche Leben und die naheliegenden Entscheidungen abspielen.

Alles dies kann nur zu einem Ganzen zusammengefügt werden, wenn das künftige Europa im Geist der *Subsidiarität* errichtet wird, wie dies zum Beispiel Joseph Rovan vorschlägt: ein verhältnismäßig lockeres Staatengebilde aus mehreren politischen

Etagen, »in dem nur das an die nächsthöhere Etage
abgegeben werden darf, was auf den unteren nicht
erledigt werden kann«[34].

Deutschland: Beispiel und Herausforderung Europas

EINE SOLCHE ORDNUNG WÄRE KEINESWEGS ETWAS
gänzlich Neues, wie das Beispiel der deutschen Verfassungsgeschichte zeigt, von der kommunalen
Selbstverwaltung über das föderalistische Prinzip
bis zu der Einrichtung des Staatsvertrags zwischen
den Ländern, der in einem Vereinigten Europa
sowohl zwischen den Nationalstaaten als auch zwischen den Regionen abgeschlossen werden könnte.
Die europäischen Staats- und Regierungschefs als
gemeinsames Oberhaupt, eine aus wenigen Mini-
stern zusammengesetzte europäische Regierung,
ein europäischer Bundesrat, in dem Länder und
Regionen vertreten wären und der das legislative
Gegengewicht zum gesamteuropäischen Parlament bildete – alles Figuren, die dem Kenner der
Geschichte vertraut sind: Erfahrungen der deutschen Vergangenheit, die Europa reicher machen
können.

Denn in einer Hinsicht hat Deutschland seinen
westlichen Nachbarn etwas voraus, gerade weil es
erst sehr spät zum Nationalstaat zusammenwuchs:
das Erbe seiner jahrhundertealten Zersplitterung,

den Föderalismus, der das Gesicht all der vielen Deutschlands vor der Entstehung des kleindeutschen, großpreußischen Reichs geprägt hat und der wohl das wichtigste politische Erbe der deutschen Vergangenheit darstellt.

Das beginnt mit dem Heiligen Römischen Reich, das zwar spät auch noch den zusätzlichen Namen »deutscher Nation« erhielt, das aber zahlreiche nichtdeutsche Kronen, Sprachen und Nationen mitumfaßte, die heute zu unseren westlichen, südlichen und östlichen Nachbarn zählen. Unsere Geschichtsschreibung hat dieses einzigartige Staatengebilde lange Zeit verleumdet; es galt als schwach, als hilflos, als schlechthin undeutsch. Aber man hat lange übersehen, daß dieses Alte Reich ein friedliches und geregeltes Zusammenleben aller Länder und Völker Mitteleuropas ermöglichte, weil es eben nicht auf nationalen Voraussetzungen beruhte.

Den Heeren der französischen Revolution, die die moderne Nationalidee durch Europa trugen, war das Reich freilich nicht gewachsen; ihm folgte im Zeitalter Napoleons der Rheinbund, von der späteren nationalen deutschen Geschichtsschreibung übel beleumundet, tatsächlich ein loser Zusammenschluß aller deutschen Länder mit Ausnahme Preußens und Österreichs, außenpolitisch zwar nicht souverän, aber liberal und fortschrittlich verfaßt.

Der Deutsche Bund, der aus den Freiheitskriegen und der Niederlage Napoleons erwuchs, stellte ein lockeres Staatenbündnis dar, ein letzter Versuch, Deutschland nicht als kompakte Macht der Mitte, sondern als Feld des europäischen Interessenausgleichs zu ordnen. In seinem Zeichen erlebte Europa die bis dahin längste Friedensperiode seiner Geschichte. Der Deutsche Bund mußte schließlich dem preußisch-deutschen Nationalstaat weichen, der aber seine Legitimation aus der Zustimmung seiner Länder zog – Souverän des Deutschen Reichs von 1871 war zwar nicht das Staatsvolk, aber auch nicht der Kaiser, sondern die Gemeinschaft der Fürsten und der Magistrate in den Freien Reichsstädten.

Daß sich diese Buntheit der deutschen Länder im deutschen Staatsgefüge widerspiegelte, hatte zur Folge, daß auch in Zeiten der stärksten innenpolitischen Zerreißproben eine Ebene bestand, auf der die Spannungen sich ausgleichen konnten – Probleme, wie sie Frankreich mit den Basken oder Großbritannien mit den Nordiren hat, haben sich für das föderative Gefüge Deutschlands deshalb nicht gestellt.

Und noch in anderer Hinsicht hat Deutschland für dieses Europa eine besondere Aufgabe zu erfüllen: Indem es sich das erste Mal in seiner Geschichte nicht gegen, sondern mit der Zustimmung seiner Nachbarn zusammenschließt, bietet es jene Herausforderung, deren der Kontinent stets bedurfte, um sich seiner selbst bewußt zu werden.

Angesichts der deutschen Herausforderung für Europa wird sich die Zukunft des Kontinents entscheiden. Die Entscheidung liegt zum einen bei den Deutschen selbst; die Gefahr ist nicht gering, daß sie über der Faszination und der Schwierigkeit des Zusammenschlusses von Bundesrepublik und DDR in nationaler Nabelschau versinken und Europa nur noch benebelt wahrnehmen. Wenn auch die schiere Notwendigkeit für die Beibehaltung einer proeuropäischen Wirtschaftspolitik spricht – das neu entstehende Deutschland könnte versucht sein, sein neu erworbenes politisches Gewicht nicht als Teil des westlichen Ganzen, sondern als Macht der Mitte einzusetzen. Eine Schaukelpolitik zwischen Ost und West, verbunden mit privilegierten Beziehungen zu Rußland – das wäre eine aus der deutschen Geschichte vertraute Konstellation, erwachsen aus den Nöten und Versuchungen der geographischen Zentrallage. Die zwingende Folge wäre ein Auseinanderfallen des Kontinents in gegnerische Lager und Koalitionen, der erneute Triumph des nationalstaatlichen Prinzips, das Ende Europas. Die Katastrophen des zwanzigsten Jahrhunderts hätten sich umsonst ereignet.

Die deutsche Frage ist aber auch eine Frage an ganz Europa. Der deutsche Riese in der Mitte erregt Mißtrauen, manchmal Furcht. Auch wenn der neue Staat das kleinste Großdeutschland aller Zeiten sein wird, stellt es doch an Bevölkerung, Wirtschaftskraft und militärischem Potential alle anderen europäischen Staaten in den Schatten. Und dieser Schatten wird durch Erinnerungen vertieft.

68

Während die Pariser Tageszeitung »Le Figaro«
bei den Deutschen einen »natürlichen Hang zur
Hegemonie« feststellt, erinnert der Herausgeber
von »Libération« daran, daß »in der Geschichte des
deutschen Bewußtseins die staatliche Einheit wiederholt das Vorspiel von großen Katastrophen war«.
Der Kolumnist der »New York Times«, William
Safire, läßt seine Leser wissen, Gorbatschow habe
mit seiner Erlaubnis zur Wiedervereinigung einen
»dritten deutschen Anlauf zur Weltherrschaft« aus-
gelöst, und den Vogel historisch-politischer Prophe-
tie schießt der britische Politiker O'Brien ab, der in
der Londoner »Times« ein wiedervereinigtes
Deutschland malt, das auf dem Weg zum »Vierten
Reich« als erstes den Holocaust rechtfertigen und
als nächstes auf jedem Marktplatz eine Hitler-
Statue aufstellen wird.

Sicher, so weit gehen nur wenige Beobachter der
deutschen Verhältnisse; aber bei aller Bereitschaft
der Europäer und Amerikaner, den Deutschen das
Selbstbestimmungsrecht nicht zu verweigern und
die Vereinigung beider deutscher Staaten mit mehr
oder weniger Widerwillen zu akzeptieren, herrscht
doch die Neigung vor, die deutsche Einheit nicht
den Deutschen allein zu überlassen. Dafür gibt es
auch gute Gründe; die Ordnung in der Mitte Europas hat Auswirkungen auf den gesamten Kontinent
und kann deshalb nicht nur Sache der Bundesrepublik Deutschland und der DDR sein.

Aber die Gefahr ist nicht gering, daß man deutsche Trotzreaktionen provoziert, indem man Deutschland unter Kuratel stellt und damit jenen Nationalismus überhaupt erst entfesselt, den man doch kontrollieren möchte. Dagegen hat der amerikanische Publizist Patrik Buchanan bemerkt: »Was sollten wir denn tun, um die Deutschen an der Wiedervereinigung zu hindern? München besetzen? Ein freies, einiges Deutschland, nach vierzig Jahren Krankheit gegen den Marxismus immun, ist ein Triumph der amerikanischen Politik, eine Säule des westlichen Kapitalismus und die erste Verteidigungslinie gegen einen etwa wieder auflebenden russischen Imperialismus. Sich durch London, Moskau oder Paris drängen zu lassen, der Wiedervereinigung Steine in den Weg zu legen, liefe darauf hinaus, den Wahnwitz von Versailles nach siebzig Jahren zu wiederholen.«[35]

Aus der Geschichte zu lernen heißt, gegen die Geschichte zu lernen: Noch nie waren die Deutschen so eng mit dem Westen und mit Europa als Ganzem verbunden wie heute; überdies hat gerade die Revolution der DDR aller Welt bewiesen, daß auch die Menschen in Ostdeutschland den Weg nach Europa, politisch wie wirtschaftlich, gesucht haben. Die Vergleiche französischer Publizisten zwischen der Großen Revolution vor zweihundert Jahren und den Ereignissen in Dresden, Leipzig und Berlin waren nicht aus der Luft gegriffen. Mit dem Fall der Mauer, durch das Volk erzwungen, hat Deutschland endgültig sein Gesicht nach Westen gewandt.

Die deutsche Einigung bedeutet diesmal keine Gefahr für Europa, wohl aber den zwingenden Anlaß der europäischen Einheit – eine Herausforderung nicht nur für die politischen und wirtschaftlichen Ordnungen, sondern vor allem für das Denken der Europäer. Die Gefahren, die Europa immer gebraucht hat, um sich auf seine Einheit zu besinnen, sind nicht immer von außen gekommen, sondern auch, wie in den Fällen Napoleons und Hitlers, aus dem Inneren. Auch jetzt bietet sich ein innerer Anlaß für die europäische Einigung an, diesmal aber nicht als Gefahr, sondern als wirtschaftliche und politische Frage, auf die dieser Erdteil eine Antwort finden muß.

In der nächsten Zukunft kommt alles darauf an, ob es den übrigen Staaten Europas gelingen wird, ein vereinigtes, wirtschaftlich starkes Deutschland einzubinden. Nur dann kann die Politik Europas europäische Innenpolitik werden, ohne Machtgefälle, ohne Vormachtstreben Einzelner, ohne die Antagonismen der Nationalstaaten und ohne den alten Konflikt zwischen der Mitte Europas und der Peripherie: das wäre das Ende des europäischen Bürgerkriegs, die letzte Chance unseres alten Kontinents.

Anmerkungen

1 O. Spengler: Der Untergang des Abendlandes. Zweiter Band: Welthistorische Perspektiven, München 1922, S. 127

2 K. Jaspers: Vom europäischen Geist, in: Rechenschaft und Ausblick, Stuttgart ²1958, S. 304

3 G. Barraclough: Das Ende der europäischen Geschichte, in: Geschichte in einer sich wandelnden Welt, dt. Göttingen 1957, S. 238 ff.

4 H. Holborn: The Political Collapse of Europe, New York 1951, S. 190 ff.

5 So bereits 1918 H. Graf Keyserlingk: Europas Zukunft. Das neue Europa, Zürich 1918, S. 3 ff.

6 So beispielsweise A. Mirgeler: Revision der europäischen Geschichte, Freiburg/München 1971, S. 18

7 F. Xylander: Universalismus und Föderalismus. Zur Kulturkatastrophe des Abendlandes, München 1946; P. Rassow: Die geschichtliche Einheit des Abendlandes, Köln/Graz 1960; O. Brunner: Abendländisches Geschichtsdenken, Hamburg 1954; F. Heer: Die Dritte Kraft, Frankfurt 1959

8 H. Gollwitzer: Europabild und Europagedanke, München 1951, S. 14 f.

9 Das Paradigma »Western Civilization« hat eine unübersehbare Flut von Untersuchungen hervorgebracht; die neueste, noch nicht von Skrupeln befallene Gesamtdarstellung stammt von T. H. v. Laue: The World Revolution of Westernization, New York/Oxford 1987. Die neueren, tiefgreifenden Zweifel finden sich vorzüglich reflektiert in dem erfolgreichen Werk von P. Kennedy:

The Rise and Fall of the Great Powers, New York 1987, dt.
Frankfurt 1989

10 »Die europäischen Völker stellen nun einmal eine Familie in dieser Welt dar, oft etwas streitsüchtig, aber trotz
alledem miteinander verwandt …« Um die europäische Völkerfamilie aufrechtzuerhalten, sei »in einem
so beschränkten Hause wie Europa« eine übernationale
Rechtsordnung notwendig, nach: Reden des Führers am
Parteitag der Ehre 1939. Historische Reichstagsrede
vom 7. März 1936, München/Berlin 1936, S. 12

11 G. de Reynold: Qu'est-ce que l'Europe? La Formation
de l'Europe, Genf ¹⁸1948, S. 35 f.

12 F. Naumann: Mitteleuropa, in: Werke, IV, Köln/Opla-
den 1964, S. 551

13 B. Willms, P. Kleinewefers: Erneuerung aus der Mitte –
Prag–Wien–Berlin. Diesseits von Ost und West, Herford
1988

14 O. Schily: Reden über das eigene Land: Deutschland,
München 1984, S. 47

15 Nach G. Nonnenmacher: Ach Europa, in: Frankfurter
Allgemeine Zeitung, 13.2.1989

16 P. Valéry: La crise de l'esprit, in: Œuvres, Bd. I, Paris
1962, S. 1004

17 Mitteleuropa im Geographieunterricht. Die erste Konferenz zur Revision der Erdkundelehrbücher, hrsg. vom
Europarat, Braunschweig 1964, S. 165

18 Chr. Dawson: Understanding Europe, London/New
York 1952, S. 83 ff.; D. Gerhard: Old Europe. A Study of
Continuity, 1000-1800, New York 1981, S. 6 ff., O. Halecki:
The Limits and Divisions of European History, New York
1950, S. 63 ff.

19 F. Chabod: Storia dell'idea d'Europa, Bari 1961, S. 8

20 E. Burke: Reflections on the Revolution in France, ed.
A. J. Grieve, London 1910, S. 63 ff.

21 Zit. nach A. Rapp: Abschied von dreitausend Jahren.
Eine Geschichte Europas, Stuttgart 1968, S. 243

22 »We are beginning to take in the conception that we are engaged in a contest which admits of no compromise, in which everything short of signal triumph would be virtual defeat; whose aim – if it have any worth aim, whose justification, if it have an adequate justification in the deliverance of Europe from a great peril, and the complete emancipation, once and forever, of the cause of freedom, civilization and progress from their most irreconcilable and mightiest foe ...« The Economist, London, 14.4.1855, zit. nach B. Brodie: Strategy in the Missile Age, Princeton ²1965, S. 265. Den Hinweis auf dieses Zitat verdanke ich D.B.G. Heuser

23 A. Dix: Schluß mit Europa! Ein Wegweiser durch Weltgeschichte zu Weltpolitik, Berlin 1928, S. 87f.

24 Nach: Europa. Dokumente zur Frage der europäischen Einigung, I., hrsg. im Auftrag des Auswärtigen Amts, Bonn 1962, S. 101

25 Ebd., S. 105

26 Ebd., S. 114 f.

27 G. Barraclough: European Unity in Thought and Action, Oxford 1963, S. 50

28 H. Kaelble: Auf dem Weg zu einer europäischen Gesellschaft. Eine Sozialgeschichte Westeuropas 1880-1918, München 1987, S. 157

29 E. Morin: Penser l'Europe, Paris 1987, S. 168

30 Ebd., S. 29

31 Platon: Politeía 557b

32 J.-B. Duroselle: L'idée d'Europe dans l'Histoire, Paris 1965, S. 12

33 E. Renan: Qu'est-ce qu'une nation?, Paris 1882, S. 16

34 J. Rovan: Wo ist die vierte Etage?, in: Rheinischer Merkur/Christ und Welt, Nr. 25, 23.6.1989

35 P. Buchanan, in: The National Interest, Nr. 19, Frühjahr 1990, S. 72

HAGEN SCHULZE

geboren 1943, ordentlicher Professor für Neuere
Geschichte, Universität der Bundeswehr, München. Wichtigste Veröffentlichungen: Freikorps
und Republik 1918-1920; Otto Braun oder Preußens
demokratische Sendung; Der Weg zum Nationalstaat. In diesem Verlag erschien 1982 in der Reihe
SIEDLER DEUTSCHE GESCHICHTE der Band
»Weimar«, 1988 in der Reihe CORSO »Gibt es überhaupt eine deutsche Geschichte?«

Der Siedler Verlag ist ein gemeinsames Unternehmen der Verlagsgruppe Bertelsmann und von Wolf Jobst Siedler.

CIP-Titelaufnahme der Deutschen Bibliothek

Schulze, Hagen: Die Wiederkehr Europas / Hagen Schulze. – 1. Auflage. – Berlin: Siedler, 1990 (Corso bei Siedler) ISBN 3-88680-380-5

Reihe *CORSO* bei Siedler

Friedrich Dieckmann
WAGNER, VERDI
96 Seiten, Abbildungen, Leinen

Heinz Friedrich
MEIN DORF
80 Seiten mit Abbildungen, Leinen

Klaus Fußmann
DIE VERSCHWUNDENE MALEREI
2. Auflage · 104 Seiten mit
Abbildungen, Leinen

Andreas Hillgruber
ZWEIERLEI UNTERGANG
3. Auflage · 112 Seiten, Leinen

Peter Graf Kielmansegg
LANGE SCHATTEN
Vom Umgang der Deutschen
mit der nationalsozialistischen Vergangenheit
104 Seiten, Leinen

Werner Knopp
WOHER, BERLIN, WOHIN?
96 Seiten mit 10 ganz- und doppelseitigen
Abbildungen, Leinen

Hermann Lübbe
POLITISCHER MORALISMUS
128 Seiten, Leinen

Wolf Jobst Siedler
WANDERUNGEN ZWISCHEN ODER UND NIRGENDWO
144 Seiten mit Abbildungen, Leinen

Michael Stürmer
SCHERBEN DES GLÜCKS
104 Seiten mit Abbildungen, Leinen

Henry A. Turner
GEISSEL DES JAHRHUNDERTS
Hitler und seine Hinterlassenschaft
96 Seiten, Leinen

Peter Wapnewski
LIEBESTOD UND GÖTTERNOT
104 Seiten mit Abbildungen, Leinen

Richard v. Weizsäcker
VON DEUTSCHLAND AUS
Reden des Bundespräsidenten
13. Auflage, 112 Seiten, Leinen

Bernhard Wördehoff
FLAGGENWECHSEL
Ein Land und viele Fahnen
108 Seiten mit Abbildungen, Leinen